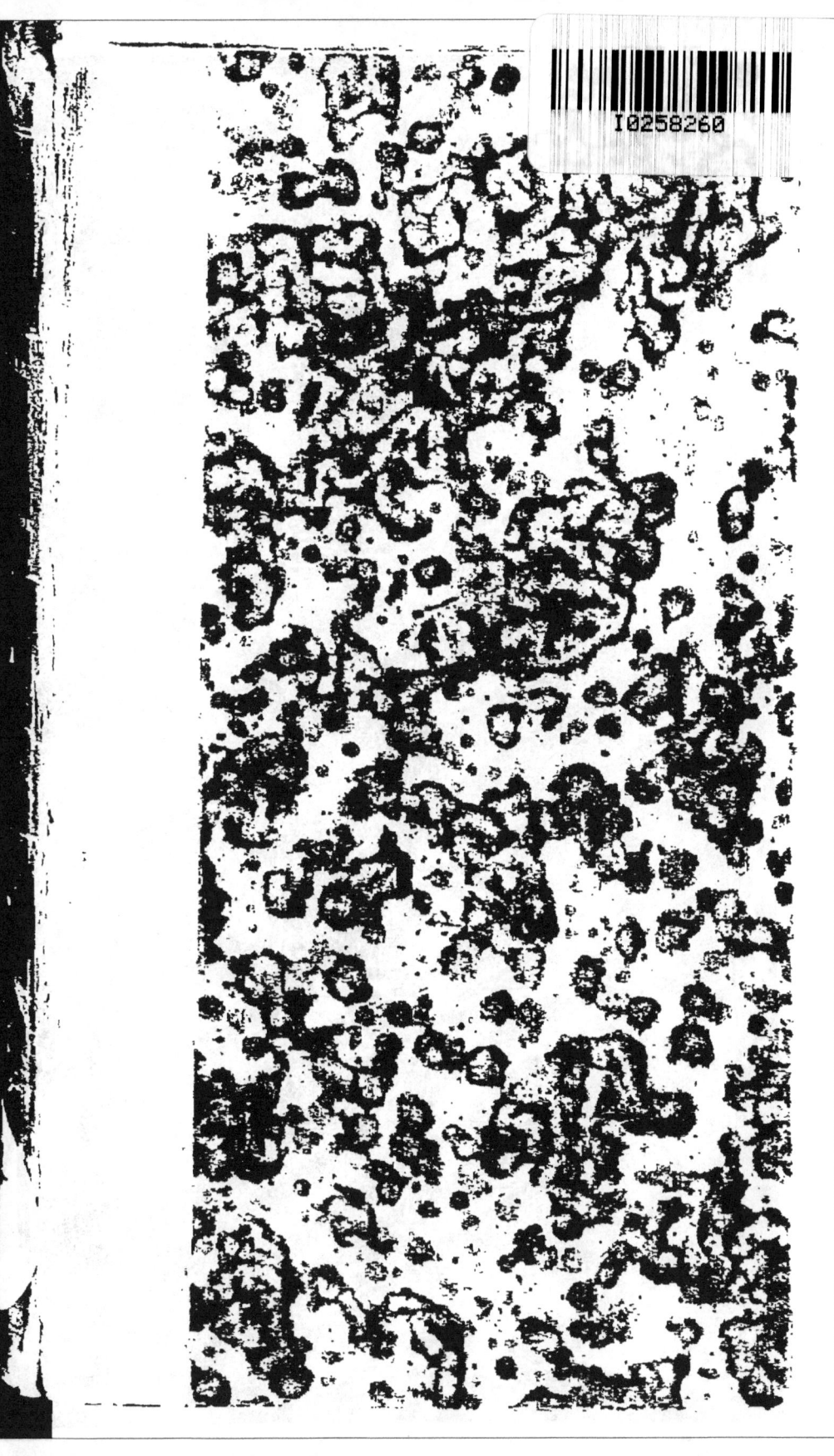

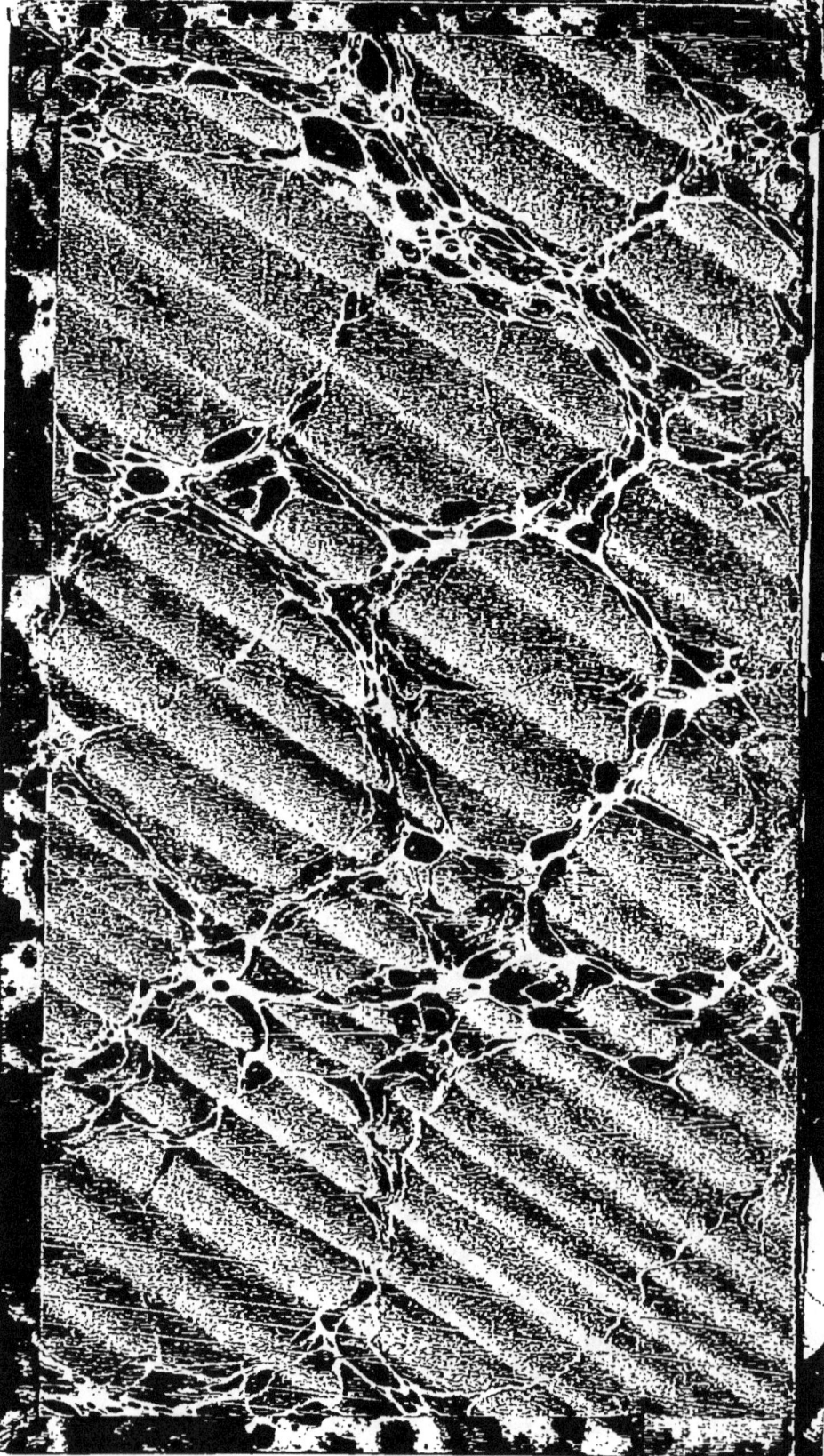

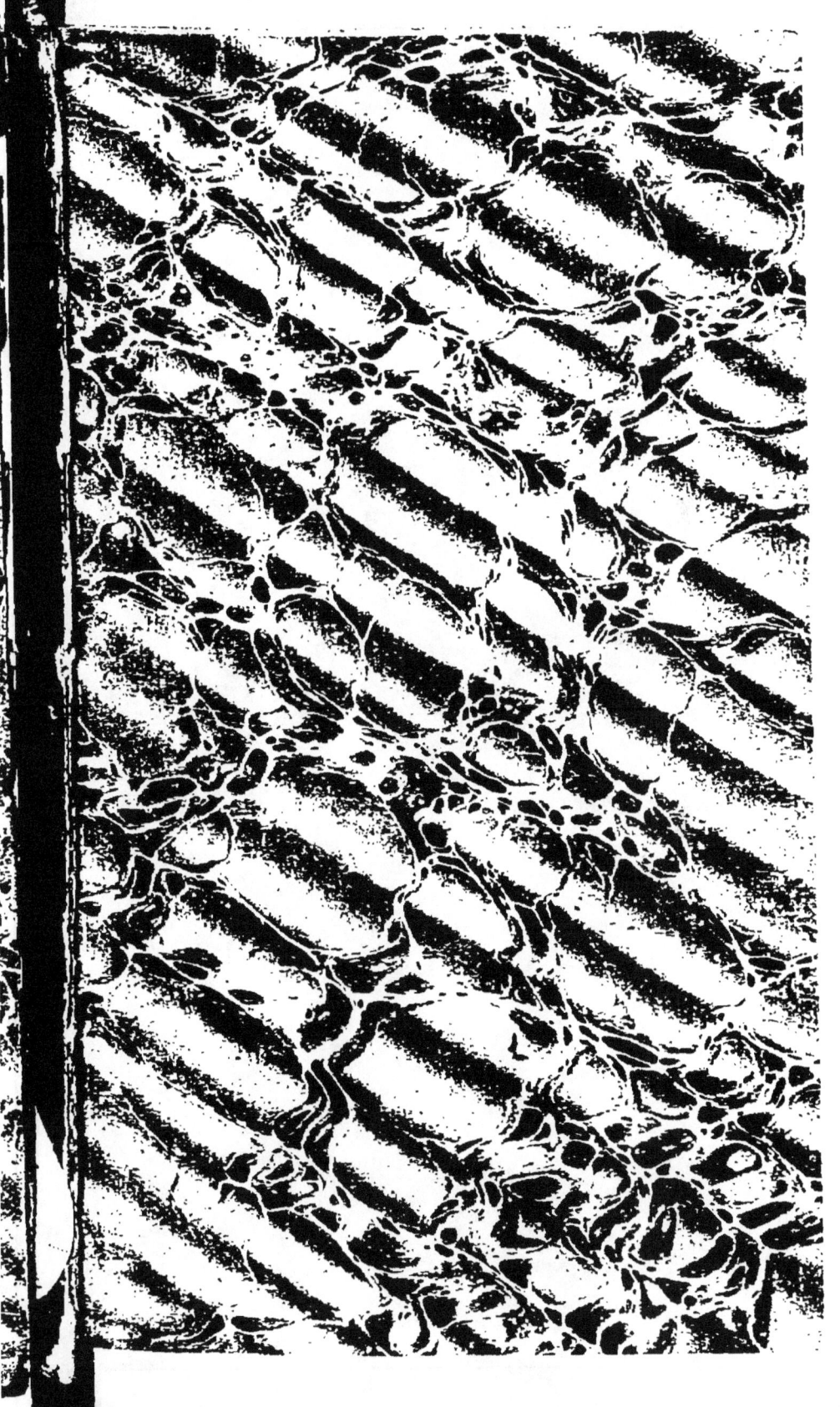

L b³
11.A.

VIE
DE
SAINTE CLOTILDE,
REINE DE FRANCE.

LIVRES DE FONDS,

Qui se trouvent chez le même Libraire.

NOUVELLE ARCHITECTURE PRATIQUE, *ou* Bullet rectifié et entièrement refondu; par feu Alexandre Miché, architecte, ingénieur en chef au corps royal des mines. *Deuxième édition*, revue, corrigée et considérablement augmentée, avec des notes, additions et changemens, par M. Jay, professeur d'architecture à l'Ecole royale des beaux-arts. Ornée de seize planches dessinées par M. Jay, et gravées sur cuivre par M. Adam. Paris, 1825; 2 vol. in-8°, 51 feuilles d'impression, beau papier. 13 fr.

HISTOIRE DU CHEVALIER BAYARD, sans peur et sans reproche; par Guyard de Berville. Nouv. édition, augm., revue et corrigée pour le style, par M. Alph. de Beauchamp; avec le portr. de Bayard gravé en taille-douce. Paris, 1822; 1 vol. in-12 de 500 pages, caractère philosophie, imprimé sur beau papier. 3 fr.

LE LIVRE DE PRIÈRES de M. de Fénélon, archevêque de Cambrai, avec ses Réflexions pour tous les jours du mois, ou le Fidèle Adorateur; augmenté des Cérémonies de la Messe, et d'autres Instruct. chrétiennes. *Deuxième édition, la seule complète*, augmentée d'une Notice sur la vie de l'auteur. Paris, 1825; 1 vol. in-18 de 350 pages, imprimé sur beau papier, et orné de deux jolies fig. en taille-douce, et du portrait de l'auteur gravé en taille-douce d'après celui original de Fiquet. 1 fr. 80 c.

Le même ouvrage, sur papier vélin superfin. 3 fr. 60 c.

DE L'EDUCATION DES FILLES, par le même; nouv. édit., revue, corrigée et augm. d'une Notice historique sur la vie de l'auteur. Paris, 1821, 1 vol. in-18 de 380 pag., impr. sur beau papier, avec portrait. 1 fr. 80 c.

Le même ouvrage, sur papier vélin, figure avant la lettre. 3 fr. 60 c.

LETTRES D'OCTAVIE, jeune pensionnaire de la maison de Saint-Clair, *ou* Essai sur l'éducation des demoiselles; par mad. de Renneville. *Troisième édition*, revue, corrigée et augmentée, par madame Elisabeth Celnart. Paris, 1825, 1 vol. in-12, fig. en taille-douce. 3 fr.

LA BONNE COUSINE, *ou* Conseils de l'amitié; ouvrage destiné à la jeunesse, par le même; in-12 de 280 pages, avec 3 jolies fig. en taille-douce. Paris, 1822. 3 fr.

LES DIMANCHES, *ou* la Bonne Sœur, Préceptes anecdotiques dédiés à la jeunesse; par le même. 1 vol. in-12 de 270 pag., orné de 2 fig. en taille-douce. Paris, 1824. 3 fr.

S.^{TE} CLOTILDE,
Reine de France.

VIE
DE
SAINTE CLOTILDE,
REINE DE FRANCE,
FEMME DU GRAND CLOVIS,

SUIVIE

D'un Précis mêlé d'Anecdotes, concernant les Mœurs et Coutumes des premiers siècles de la Monarchie française;

OUVRAGE UTILE AUX JEUNES PERSONNES ;
Pour les instruire et leur donner le goût de la vertu.

Par Mme DE RENNEVILLE,

AUTEUR DES LETTRES D'OCTAVIE, etc., etc.

DEUXIÈME ÉDITION, REVUE ET CORRIGÉE.

AVEC PORTRAIT.

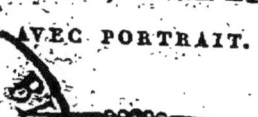

PARIS,
VILLET, Libraire,
Rue Pompée, n° 9, près la place S.-André-des-Arcs.

1829.

VIE

DE

SAINTE-CLOTILDE,
REINE DE FRANCE;

SUIVIE

D'un Extrait de N. D. Auteurs, concernant les Moeurs, Coutumes, Religion, Loix, etc. etc. de la Monarchie française;

OUVRAGE utile aux mères de famille,
Pour les instruire et leur donner le goût et le respect

DE LA RELIGION CHRÉTIENNE,
Ainsi que les moeurs à observer, etc. etc.

ENRICHI DE NOTES HISTORIQUES.

PARIS,
.......LLET, Libraire,
Rue........, n° 9, vis-à-vis la place Saint-Michel.

1815.

PRÉFACE
DE LA PREMIÈRE ÉDITION.

La Vie de Sainte Clotilde, que j'ai extraite de plusieurs auteurs, m'a paru faite pour être mise entre les mains des jeunes personnes. C'est Sainte Clotilde qui a rendu Clovis chrétien, c'est par elle que le christianisme s'est introduit en France, c'est enfin par elle que nous jouissons du bonheur de prétendre à l'héritage céleste.

Les vertus de cette sainte reine sont un modèle également propre à offrir aux personnes de son sexe. Clotilde triomphe de l'erreur par son rare mérite; elle fait servir les charmes qu'elle a reçus de la nature à gagner le cœur et l'esprit de son époux et à le conduire dans la voie du salut.

L'exemple de sa vie venoit à l'appui de ses exhortations : et, tandis qu'elle ménageoit ses paroles afin qu'elles produisissent plus d'effet, elle augmentoit chaque jour le nombre de ses bonnes œuvres pour dominer sur les cœurs; car, elle le savoit, rien n'est si éloquent que le bon exemple : par une conduite régulière, par une exactitude scrupuleuse à remplir ses devoirs de religion, par sa douceur et sa charité sans bornes, Clotilde attira plus d'âmes à Jésus-Christ, que si elle s'en fût tenue aux plus beaux discours sans la pratique. Les

Francs l'aimoient, la respectoient, la vénéroient, à cause de ses vertus et de sa grande piété : tous ceux qui pouvoient ou la voir ou l'entendre devenoient chrétiens, persuadés que la religion d'une reine si parfaite devoit être la seule véritable.

Comme en écrivant la Vie de Sainte Clotilde, il a fallu nécessairement entrer dans quelques détails sur le règne de Clovis, mes jeunes lecteurs pourront remarquer l'impétuosité du caractère de ce prince, et son penchant à la cruauté. Quel étoit donc l'empire de Clotilde sur ce fier monarque pour maîtriser ses volontés, et pour opérer en lui un changement aussi extraordinaire que celui de la religion? C'étoit l'empire de la vertu, qui surmonte les plus grands obstacles, lorsqu'elle est pure, sincère et constante.

Quelle leçon pour celles qui sont destinées à l'état du mariage! Elles verront que leur sort est entre leurs mains; car si Clovis, élevé dans l'idolâtrie, et emporté par la violence de son caractère, n'a pu résister à la douce et pieuse Clotilde, quel homme osera méconnoître dans son épouse des vertus qui font sa gloire et son bonheur!

Cet Ouvrage présente aux jeunes personnes le double avantage de l'instruction et de la morale: C'est l'histoire d'une reine vertueuse et chrétienne, mais cette histoire est telle qu'on la voit dans Grégoire de Tours, Velly, l'abbé Dubos et M. de Viallon. A la vérité je n'ai point écrit en critique, car je n'ai rien discuté; mais j'ai cherché à me mettre en garde contre le merveilleux qui séduit et qui trompe, sans omettre les faits singuliers qui peignent les mœurs du temps. C'est ainsi que, pour rapprocher mes lecteurs des premiers siècles de la monarchie, j'ai raconté tout au long le mariage de la reine Clotilde. L'ambassadeur Aurélien, déguisé en mendiant et chargé d'une besace, répugne à nos mœurs; nous avons peine à croire que les choses se soient passées ainsi; cependant la réflexion ramène à croire possible cette manière bizarre et comique de s'introduire à la cour d'un roi; d'abord la barbarie d'un siècle, où la galanterie et les manières élégantes et polies n'étoient pas même connues, ensuite les précautions extraordinaires qu'il falloit que prît Clovis pour s'assurer du consentement de Clotilde, sans éveiller les soupçons de Gondebaud, qui pouvoit la faire mourir, comme il avoit fait mourir toute sa famille.

Si j'ai erré, c'est sans le savoir. Ce que je puis dire, c'est que j'ai marché avec la plus grande circonspection, consultant, comparant sans cesse mes auteurs; et ce n'est pas ma faute s'ils se sont trompés. Si la critique me fait un crime de n'avoir pas su démêler l'erreur de la vérité, j'en souffrirai moins pour moi-même, que pour les jeunes personnes auxquelles mon ouvrage est destiné; car, dans toutes mes études, mon vœu le plus cher est toujours pour le plus grand avantage tant de l'instruction des jeunes personnes que de leur avancement dans la vertu; persuadée comme je le suis, que l'instruction jointe à l'amour de la sagesse et à la religion donnent sur la terre la plus grande somme de bonheur dont l'homme puisse jouir.

Il me semble qu'un livre écrit dans ces dispositions ne peut nuire ni au public ni même à l'auteur, et c'est déjà quelque chose; c'est beaucoup au moins pour la tranquillité de sa conscience. En faveur d'aussi bons motifs, puis-je me flatter de quelque indulgence pour mon ouvrage? Je la réclame; je sais à quel point j'en ai besoin; puisqu'en fait de littérature, il ne suffit pas de vouloir le bien, il faut encore faire aimer la vertu, donner horreur du vice, changer le cœur par la force du raisonnement, et par la manière adroite, ingénieuse et persuasive de le présenter. Je l'avoue, c'est l'écueil sur lequel mon frêle vaisseau doit faire naufrage! Mais si les critiques me jugent avec sévérité, je m'en consolerai avec mes jeunes amies, dont une larme, un sourire me dédommagera de toutes les contrariétés inséparables d'un semblable travail.

VIE DE SAINTE CLOTILDE, REINE DE FRANCE.

CHAPITRE PREMIER.

Gundérie, roi des Bourguignons, laisse quatre fils en mourant. — Chilpéric et Gondemar conspirent contre leur frère Gondebaud. — Ils le défont dans une bataille. — Gondebaud, vainqueur à son tour, fait périr Gondemar, Chilpéric, la femme de ce prince et ses deux fils. — Ses filles sont enfermées; l'aînée se consacre au service des autels; Clotilde vient à la cour de ses oncles. — Clotilde catholique; ses vertus. — Clovis veut l'épouser. — Aurélien se déguise en mendiant pour lui parler. — La princesse consent à épouser Clovis.

L'an 473, Gundéric, roi des Bourguignons, étant mort, laissa quatre fils, Gondebaud, Godégisile, Gondemar et Chilpéric, et deux filles, Chroma et Clotilde.

Les quatre fils de Gundéric ne furent pas long-temps d'accord. Vers l'an 477, Chilpéric et Gondemar conspirèrent pour détrôner Gondebaud, leur frère aîné. Godégisile resta neutre dans cette guerre civile.

Les deux princes ligués prirent à leur solde un corps des Allemands qui s'étoient établis sur la rive du lac de Genève. Avec leur secours, ils défirent Gondebaud dans une bataille qu'ils lui donnèrent. Ce prince fut réduit à se cacher; mais ayant été informé peu de temps après que ses frères avoient congédié les Allemands, il sortit de sa retraite, rassembla une armée, à la tête de laquelle il entra dans Vienne, capitale du royaume des Bourguignons, c'est-à-dire le lieu où Gundéric avoit fait son séjour ordinaire. La fortune lui devint aussi favorable qu'elle lui avoit été contraire auparavant; mais ce prince, naturellement cruel, abusa de la victoire: Gondemar fut réduit à s'enfermer dans une tour. Gondebaud y fit mettre le feu, et son frère y fut brûlé. Chilpéric, son autre frère, avec sa femme, ses deux fils et ses deux filles, tombèrent au pouvoir du vainqueur: Gondebaud fit couper la tête à Chilpéric; la femme de ce prince infortuné fut jetée dans l'eau une pierre au cou; ses deux fils eurent la tête coupée; ensuite on les précipita dans le même puits que leur mère; leurs sœurs, Chroma et Clotilde, furent reléguées dans un monastère: l'aînée prit l'habit que portoient alors les filles qui renonçoient au mariage, pour se consacrer au service des autels: Clotilde revint ensuite à la cour de ses oncles Gondebaud et Godégisile.

Chilpéric et ses frères étoient ariens (1); mais la reine, femme de Chilpéric, étoit catholique, et la protectrice des évêques. Clotilde, élevée par cette pieuse princesse, avoit autant d'élévation d'âme que de prudence et de piété. Il n'étoit pas difficile de prévoir qu'elle auroit une grande influence sur les volontés du mari qu'elle épouseroit. Quoique dans une cour toute arienne, Clotilde faisoit publiquement profession de la religion catholique, ce qui montroit à la fois son courage et son attachement à la véritable église. La douceur de Clotilde, sa piété, son esprit et sa beauté la rendirent bientôt l'objet de l'estime de tout le monde. Gondebaud ne put se défendre de rendre justice à son rare mérite, ni

---

(1) Ils suivoient l'hérésie d'Arius, qui enseignoit que Dieu le Père n'étoit pas de même nature que le Fils.

empêcher que la réputation de sa nièce ne s'étendît même au-delà des limites de son royaume.

Clovis le Grand régnoit alors sur les Français. Ce prince étoit en âge d'être marié, et les évêques devoient penser naturellement à donner à ce prince une épouse qui fût de leur religion, d'autant plus que, depuis la conquête de l'Italie par Théodoric, ils voyoient mieux que jamais qu'ils ne pouvoient pas éviter de tomber entre les mains des Visigots ou des Bourguignons ou des Francs; et ils préféroient ces derniers aux autres. Les catholiques du royaume de Soissons, possédé nouvellement par Clovis, étoient également intéressés au choix d'une reine qui fût de leur religion et de leur communion. La piété de Clotilde, connue de Saint Remi, faisoit désirer à cet illustre prélat le mariage de cette princesse avec Clovis, mariage qui devoit être très-avantageux aux catholiques.

Clovis qui avoit de la considération pour Saint Remi, fut disposé à suivre ses conseils; d'ailleurs ce prince voyoit de grands avantages dans ce mariage : il lui donnoit pour allié le plus puissant de ses voisins, et mettoit ses états à couvert du côté de la Bourgogne.

Clovis envoyoit souvent des ministres à la cour de Gondebaud; ces ministres firent au roi un portrait si flatteur des charmes et des vertus de Clotilde, que ce prince résolut de l'épouser; mais avant d'en faire la demande au roi des Bourguignons, Clovis voulut s'assurer des intentions de la princesse. Il chargea de cette commission Aurélien, romain, un des seigneurs de sa cour (1). L'affaire

---

(1) L'abbé Dubos, d'où ce passage est tiré, cite l'abréviateur des Gestes des rois de France.

étoit délicate; il étoit à craindre que Gondebaud ne fît mourir la princesse, s'il avoit la moindre connoissance que Clovis vouloit l'épouser. C'est pourquoi, afin de traiter secrètement avec Clotilde, Aurélien se rendit à la cour du roi des Bourguignons, pendant que ce prince, absent de ses états, étoit campé dans les Alpes avec son armée. Il imagina de se déguiser de manière à être méconnoissable à tous les yeux : avant d'entrer dans Genève, il prit un habit de mendiant, et se tint caché dans la ville.

Clotilde alloit régulièrement à l'église tous les dimanches. Aurélien se mit parmi les mendians qui se trouvoient à la porte de la cathédrale. Lorsque la messe fut dite, Clotilde, selon sa coutume, en sortant de l'église, fit l'aumône à ces pauvres. Elle donnoit un sou d'or à Aurélien, lorsque celui-ci, comme pour témoigner sa reconnoissance, baisa la main de sa bienfaitrice, et lui tira la robe de manière à lui faire comprendre qu'il avoit quelque chose d'important à lui communiquer. La princesse, rentrée chez elle, l'envoya aussitôt chercher. Aurélien fut introduit dans l'appartement de Clotilde. Après avoir mis derrière la porte la besace qu'il portoit, dans laquelle étoient les joyaux qu'il devoit donner pour présens de noces, il cacha dans le creux de sa main l'anneau de Clovis, qui étoit le garant de sa mission. Dès qu'Aurélien fut en présence de Clotilde, cette princesse lui dit : « Je vous crois plutôt une personne de considération déguisée qu'un véritable pauvre; à quel dessein vous êtes-vous ainsi travesti, et pourquoi avoir tiré ma robe à l'église avec affectation ? » Aurélien regardant autour de lui, pour s'assurer qu'il étoit seul avec Clotilde, lui répondit : « Puis-je être sûr, grande princesse, que personne ne m'écoute ? » La princesse lui ayant dit qu'il pouvoit parler sans crainte, le ministre ajouta : « Princesse, le grand Clovis, mon maître, veut en vous épousant vous faire partager son trône; son anneau que voici vous prouvera que je vous parle par son ordre; pour mieux vous convaincre des intentions de ce grand roi, je vais vous présenter les joyaux qu'il vous donne pour présent de noces. » En même temps Aurélien fut chercher sa besace à l'endroit où il l'avoit laissée; mais il ne l'y trouva plus. Désolé de cet accident, il s'en plaignit à Clotilde, qui donna des ordres si précis, qu'un moment après la besace fut rapportée. On y trouva les pierreries que Clovis envoyoit à la princesse, qui voulut bien les recevoir; elle accepta en même temps l'anneau du roi des Saliens, et donna le sien en échange : « Retournez vers votre maître, dit Clotilde à Aurélien, et saluez-le de ma part; dites-lui en même temps qu'il n'est pas permis à une chrétienne d'épouser un païen (1); cependant que la volonté de Dieu que je confesse et que j'adore publiquement soit faite en toutes choses; mais si votre maître veut m'épouser, il faut qu'il me demande incessamment à Gondebaud, et, s'il se peut, que l'affaire se conclue avant qu'Aridius revienne de Constantinople, où mon oncle l'a envoyé; car il est homme à faire man-

---

(1) L'histoire des premiers siècles est remplie d'exemples de mariages formés entre des païens et des chrétiens. Il étoit dit que les garçons seroient élevés dans la religion du père, et les filles dans celle de la mère.

quer vos projets. Allez donc; et que personne n'apprenne ce qui vient de se passer: que Dieu vous ait en sa garde durant votre voyage. » Aurélien partit aussitôt pour rendre compte au roi Clovis de sa commission.

CHAPITRE II.

Clovis demande Clotilde en mariage. — Gondebaud hésite ; son conseil le décide. — La princesse lui avoue l'engagement secret qu'elle a pris avec Clovis. — Clotilde part avec l'ambassadeur et les Francs. — Aridius revient à la cour de Gondebaud, et lui conseille de faire courir après Clotilde. — La princesse arrive heureusement où Clovis l'attendoit. — Clotilde plaît beaucoup à Clovis. — Dans la suite Clovis fait la guerre à Gondebaud pour venger les parens de Clotilde. — Clovis augmente son royaume. — Il donne à Aurélien le commandement du château de Melun. — Le mariage de Clovis lui soumet quantité de peuples.

Satisfait de la réponse de Clotilde, Clovis ne songea plus qu'à faire à Gondebaud la demande de la princesse; mais persuadé qu'il falloit la demander de manière que le roi des

VIE DE SAINTE CLOTILDE. 21

Bourguignons fût dans l'impossibilité de la lui refuser, Clovis attendit que Gondebaud se trouvât dans une circonstance à avoir besoin de lui. L'année s'écoula sans que le roi des Francs eût pris une dernière résolution. Pendant cet espace de temps, les Romains qui l'entouroient ne laissèrent échapper aucune occasion de faire sentir à ce prince les grands avantages du mariage qu'il projetoit. Le moment désiré par Clovis arriva enfin : le roi des Bourguignons étoit sur le point d'entrer en guerre avec les Visigots, et il lui importoit infiniment d'avoir les Francs pour lui, ou de les engager du moins à rester neutres. Clovis envoya à Gondebaud Aurélien, revêtu du caractère d'ambassadeur, dans le moment où il vit les deux peuples le plus animés l'un contre l'autre.

L'ambassadeur de Clovis fit en forme la demande de la princesse, comme s'il y avoit déjà eu un engagement, et conformément à ce qui se pratique entre les rois, lorsqu'il ne s'agit plus que de déclarer un mariage dont toutes les conditions sont arrêtées.

Gondebaud fut très-étonné d'une pareille démarche : « Mes conseillers et mes Bourguignons, s'écria-t-il, verront bien que cette fois le roi des Francs cherche à me faire une querelle, car jamais il n'a eu de relation avec ma nièce. » Puis adressant la parole à Aurélien, il lui dit : « Il faut que vous ne veniez ici que pour épier ce qui s'y passe, puisque vous n'avez d'autre raison de votre voyage à m'alléguer, que le dessein de faire une demande telle que celle que je viens d'entendre. Pour toute réponse vous direz à votre maître, qu'il n'y eut jamais aucun traité de mariage entre ma nièce et lui. » Aurélien répondit sans changer de ton : « Réfléchissez, illustre prince, sur ce que vous avez à faire ; le roi des Francs, mon maître, m'envoie vous demander en mariage la princesse Clotilde qui consent à l'épouser, et qui n'attend plus que votre agrément. Si vous refusez à Clovis Clotilde, qu'il regarde comme son épouse, il viendra à la tête de son armée la chercher lui-même. » Clovis s'étoit en effet déjà avancé jusque sur les frontières de la Bourgogne, sous prétexte de recevoir la princesse, mais en effet pour forcer Gondebaud à la lui accorder. Le roi des Bourguignons agité par différens intérêts, répondit à Aurélien : « Que Clovis vienne, il me trouvera aussi à la tête d'une armée, et peut-être serai-je assez heureux pour arrêter ses pas. »

Les principaux des Bourguignons, informés de ce qui se passoit, et craignant d'avoir affaire aux Francs et aux Visigots, conseillèrent à leur prince d'approfondir s'il étoit vrai que la princesse Clotilde eût donné son consentement à ce mariage; que si cela étoit, Clovis pouvoit exiger que la princesse lui fût livrée, puisqu'elle étoit en âge de disposer de sa main.

Gondebaud, ayant fait venir Clotilde à sa cour, cette princesse lui avoua ce qui s'étoit passé, et chercha à persuader à son oncle qu'elle seroit toujours portée à entretenir la paix entre les deux princes. Elle lui fit voir l'anneau de Clovis, et les pierreries qu'il lui avoit envoyées. Enfin Gondebaud consentit au mariage de sa nièce, moins par attachement pour elle, que par la crainte du voisinage de Clovis. Il fut stipulé que les enfans qui naîtroient de cette union seroient baptisés.

L'ambassadeur fiança la princesse en lui donnant un sou d'or et un denier; il demanda ensuite qu'il lui fût permis de la conduire au lieu où étoit son maître.

On prépara en diligence à Châlons-sur-Saône le trousseau et tout ce qui étoit nécessaire pour le mariage de la princesse. Ce fut dans cette même ville qu'on remit Clotilde entre les mains d'Aurélien et des Francs pour la conduire à Clovis. On la fit monter dans cette espèce de chariot que les Gaulois nommoient *basterne*. C'étoit la voiture la plus décente et la moins rude de ces temps-là. Elle étoit tirée par des bœufs, dont la marche, plus lente que celle du cheval, est aussi beaucoup plus douce. Ils partirent sans perdre de temps, emmenant aussi avec eux plusieurs chariots remplis des effets de Clotilde.

Lorsque cette princesse fut à quelques lieues de Châlons, elle apprit qu'Aridius, ministre et confident de

Gondebaud, étoit de retour de Constantinople. Aussitôt Clotilde dit aux *sénieurs* des Francs, c'est-à-dire à ses conducteurs : « Si vous avez envie de me conduire à votre roi, il faut absolument que je monte à cheval, afin de faire plus de diligence. » Les Francs approuvèrent son avis; cette princesse monta à cheval et laissa derrière elle ses chariots et ses bagages.

Clotilde avoit bien prévu qu'Aridius s'opposeroit à son mariage avec Clovis. En effet, ce ministre étant arrivé à Marseille, et ayant reçu de la cour la nouvelle de cette alliance, avoit pris la poste (1) aussitôt pour se

---

(1) Auguste, empereur romain, établit des chevaux et des chariots pour faciliter les expéditions, et ses successeurs continuèrent cette institution. Il y avoit cinq *postes* par journée, et quelquefois huit. On entretenoit dans chaque *poste* quarante chevaux, et autant de postillons et de palfreniers qu'il étoit

rendre en diligence auprès de Gondebaud, et l'empêcher de laisser partir la princesse.

Le roi des Bourguignons, au désespoir de s'être vu forcé de donner sa nièce à Clovis, cherchoit à s'abuser lui-même sur les suites de cette union. Il la présenta à son favori comme le gage d'une paix solide entre les deux états; mais Aridius, frappé des malheurs qu'il prévoyoit, répondit au monarque en ces termes: « Prince, ce mariage, le plus impolitique qui se soit jamais fait, loin d'être le sceau d'une alliance durable, doit être la source de bien des guerres qui entraîneront les plus grands maux. Vous

---

nécessaire. Selon toute apparence, cet établissement existoit encore du temps de Clovis. Depuis il alla en dégénérant, et fut enfin tout-à-fait abandonné. C'est pourquoi l'on date de Louis XI l'établissement des *postes* en France. Ce prince les établit en 1464.

deviez vous souvenir, seigneur, lorsqu'on vous l'a proposé, que vous avez fait périr Chilpéric, père de Clotilde, ainsi que la mère et les deux frères de cette princesse; vous deviez savoir qu'elle est d'un caractère assez ferme, malgré sa grande douceur, pour se venger cruellement, si elle en a le pouvoir.... envoyez donc un corps de troupes après elle pour la faire revenir, et ne perdez point de temps. » Gondebaud envoya en effet des troupes à la suite de Clotilde; mais elles ne purent atteindre que les chariots, dont elles se saisirent.

La princesse arriva heureusement à Villers ou Villori, lieu situé dans le territoire de Troyes, où Clovis l'attendoit avec impatience. Dès que ce prince apprit la conduite de Gondebaud, et l'enlèvement des équipages de la reine, il fit faire le dégât par ses troupes sur la frontière de Bourgogne, et prit ensuite le chemin de Soissons où se célébra le mariage.

La princesse plut beaucoup à Clovis qui lui assigna un revenu considérable, et l'aima toujours tendrement. Ce mariage se fit la douzième année du règne de ce prince, et la vingt-cinquième de son âge, l'an 493.

Clovis regarda la dernière action de Gondebaud comme un affront fait à lui-même; aussi la guerre qu'il lui déclara peu d'années après fut-elle une suite du ressentiment qu'il en eut, et une vengeance des cruautés inouies du roi des Bourguignons envers les parens de Clotilde.

Après son mariage, Clovis augmenta considérablement son royaume, il l'étendit jusque sur les bords de la Seine. Il donna alors le commandement du château de Melun et des pays voisins à son ministre Aurélien, avec le titre de duc ou de général, c'est-à-dire qu'il conféra à cet Aurélien le commandement de Melun, sa frontière du côté des Armoriques, et qu'il lui donna en même temps plusieurs fonds de terre situés auprès de Melun, et dont la propriété appartenoit à l'état.

Tout porte à croire que le mariage de Clovis avec Clotilde lui soumit un grand nombre de Gaulois. Il est à présumer par exemple que Saint Rémi, dont le diocèse fut un de ceux qui reconnurent Clovis pour souverain dans le temps de son mariage, fit si bien valoir les espérances fondées qu'on avoit de la conversion de Clovis, et la raison puissante que du moins ses enfans seroient élevés dans la religion chrétienne; il fit si bien comprendre au troupeau qu'il gouvernoit, et sur lequel son éloquence et la pureté de sa vie lui donnoient tant d'empire, qu'il n'y avoit qu'un seul moyen humain de faire cesser les maux d'une anarchie funeste; que ce seul moyen étoit de reconnoître Clovis pour chef du gouvernement civil; que ce digne évêque persuada aux siens et aux cités des provinces obéissantes, dont il étoit le métropolitain, de se soumettre au jeune héros qui régnoit sur les Saliens.

CHAPITRE III.

Saint Remi. — Lettre de Saint Remi. — Saint Remi contribue à la conversion de Clovis. — Clotilde sollicite le roi de se convertir. Tendresse extrême de Clovis pour le reine. — Rares qualités de Clotilde. — Vers à la louange de la femme forte. — Clotilde emploie tous les moyens humains pour hâter la conversion du roi.

Saint Remi, évêque de Reims, qui avoit contribué plus que personne au mariage de Clovis avec la reine Clotilde, étoit non seulement d'une conduite exemplaire, mais c'étoit encore l'homme le plus instruit et le plus éloquent du temps où il vivoit. On en pourra juger par la lettre qu'il écrivit à Clovis, alors âgé de seize ans, lorsqu'il parvint à la couronne de la tribu des Francs, établie dans le Tournaisis.

Lettre de Saint Remi à Clovis (1).

Remi, évêque, à l'illustre seigneur le roi Clovis, célèbre par ses vertus.

« Nous apprenons de la renommée
» que vous êtes chargé de l'admi-
» nistration des affaires de la guerre.
» Je ne suis pas surpris de vous voir
» être ce que vos pères ont été. Il
» s'agit maintenant de répondre aux
» vues de la providence qui récom-
» pense votre modération en vous
» élevant à une dignité si éminente.
» C'est la fin qui couronne l'œuvre.
» Prenez donc de bons conseillers,
» des personnes dont le choix fasse
» honneur à votre discernement. Ne
» faites pas d'exactions dans votre bé-
» néfice militaire; ne disputez point
» la préséance aux évêques, dont le

---

(1) Saint Remi n'étoit pas alors sujet de Clovis.

» diocèse se trouve dans votre dépar-
» tement, et prenez leurs conseils
» dans les occasions. Tant que vous
» vivrez en bonne intelligence avec
» eux, vous trouverez toute sorte de
» facilité dans l'exercice de votre em-
» ploi. Faites du bien à ceux qui sont
» de la même nation que vous, néan-
» moins soulagez tous les malheu-
» reux, et surtout donnez du pain aux
» orphelins, avant même qu'ils soient
» en âge de vous rendre service : c'est
» le moyen de vous faire aimer de ceux
» même qui vous craindront. Que
» l'équité préside à tous les jugemens
» que vous rendrez, et que l'injustice
» n'ose plus se promettre la dépouille
» du foible et de l'étranger. Que votre
» *Prétoire* (1) soit ouvert à tous ceux
» qui viendront demander justice à

---

(1) Lieu où le préteur et autres magistrats rendoient la justice.

» ce tribunal, et que personne n'en
» sorte, avec le chagrin de n'avoir
» point été entendu. Vous voilà pos-
» sesseur de toute la fortune de votre
» père; servez-vous en pour acheter
» des captifs, mais que ce soit afin
» de leur rendre la liberté. Que ceux
» qui auront affaire à vous n'aient
» pas sujet de s'apercevoir qu'ils sont
» d'une autre nation que la vôtre.
» Admettez des jeunes gens dans vos
» divertissemens, mais ne parlez ja-
» mais d'affaires qu'avec vos *sénieurs*
» ou vieillards. Enfin si vous voulez
» être toujours obéi, faites voir les
» inclinations d'un jeune homme di-
» gne du commandement. »

Cette lettre, qui prouve l'espèce d'autorité que l'âge et le mérite donnoient à S. Remi sur le jeune roi, fait aussi connoître l'affection particulière qu'il portoit au monarque. On en peut conjecturer que la France ne lui doit pas moins, qu'à Clotilde, le bonheur d'être chrétienne : ce digne évêque, qui regardoit la jeune reine comme sa fille, travailla par ses conseils à la conversion du grand Clovis, en faisant servir l'amour du roi pour Clotilde au grand dessein qu'il méditoit.

Lorsque Clovis avoit envoyé Aurélien à la cour de Gondebaud, en l'absence de ce prince, pour sonder les dispositions de Clotilde, ce favori avoit fait espérer à la princesse que son maître embrasseroit la religion chrétienne; il avoit été même jusqu'à le promettre de la part de Clovis; car sans cette espérance Clotilde n'eût point consenti à s'unir à un prince païen, malgré l'espèce de captivité où elle étoit réduite.

Clotilde ne fut pas plutôt à la cour du roi son époux, qu'elle le fit souvenir de l'espérance qu'il lui avoit fait donner par son ambassadeur; mais elle fut obligée alors de se contenter encore de la promesse qu'il lui en fit.

Si Clotilde avoit été flattée de trouver dans Clovis un jeune prince beau, bien fait, d'un air noble et martial, plein de courage et de bravoure, Clovis de son côté ne se lassoit pas de s'applaudir de son choix; on ne pouvoit rien ajouter à son bonheur; ce prince trouvoit dans Clotilde plus que sa réputation même ne lui avoit fait espérer, et la rare vertu d'une princesse si accomplie ne fit qu'augmenter la passion que sa beauté avoit fait naître dans son cœur. Clovis, avec de très-grandes qualités, ne laissoit pas d'avoir l'humeur assez farouche; il tenoit beaucoup de la fierté naturelle aux Barbares, dont il tiroit son origine; mais Clotilde sut si bien ménager son esprit, qu'elle en demeura toujours maîtresse. Quel homme peut résister aux grâces unies à la douceur et à la vertu? une femme douée de ces précieux avantages doit être nécessairement heureuse. *Ceux qui sont doux posséderont la terre*, a dit Jésus-Christ. Pouvoit-il se tromper? C'est en suivant les préceptes de l'évangile que Clotilde enchaîna ce lion farouche, qui à vingt ans s'étoit fait craindre et respecter de cette nation guerrière, en fendant la tête d'un de ses soldats avec sa francisque: tout le monde connoît l'anecdote du vase de Soissons.

La bonté naturelle de Clotilde avoit un charme qui lui gagnoit les cœurs; elle étoit adorée des peuples, parce qu'elle sembloit n'être occupée que du soin de leur procurer toutes sortes de biens. Tous ressentoient les effets de sa faveur, et ses libéralités s'étendoient sur tout le monde avec abondance, mais plus particulièrement sur les pauvres et les affligés, pour lesquels elle avoit une tendresse qui la rendoit très-sensible à leurs besoins.

Femme heureuse! ses jours, au monde précieux,
Sont loués sur la terre et bénis dans les cieux.
L'innocente candeur dans sa bouche réside;
A tous ses entretiens la charité préside;
Que de voix à l'envi consacrent ses bienfaits!
Que de cœurs subjugués par ses chastes attraits!
Son époux est brillant des rayons de sa gloire,
Et ses enfans devront leur lustre à sa mémoire.
. . . .
. . . .
O crainte du Seigneur! tu règles tous ses pas;
Tu répands ses trésors, tu défends ses appas;
Le monde rend hommage à sa conduite austère:
Tout corrompu qu'il est, c'est un juge sévère
Qui déteste et méprise, en dépit des flatteurs,
Les biens sans la vertu, la beauté sans les mœurs (1).

La douce bienveillance animoit toutes les actions de Clotilde, elle étoit d'un accès facile; toujours prête à secourir ceux qui souffroient l'in-

---
(1) Poésies sacrées de M. de Pompignan.

justice ou qui gémissoient dans l'oppression, elle ne se servoit du pouvoir qu'elle avoit sur l'esprit du roi que pour en obtenir des grâces, pour lui faire connoître et récompenser la vertu; mais si le bonheur de son peuple l'emportoit dans son cœur sur le sien propre, quelle devoit être sa tendre sollicitude pour celui d'un époux qui lui étoit si cher? Clotilde formoit des vœux ardens pour la conversion de Clovis; elle adressoit continuellement à Dieu les plus ferventes prières, pour qu'il daignât toucher le cœur du roi; elle pleuroit, jeûnoit et pratiquoit diverses autres mortifications pour obtenir du ciel un changement qu'elle regardoit comme l'unique ouvrage du Très-Haut. L'humble Clotilde, qui ne croyoit pas ses prières assez efficaces, y joignoit celles des personnes de piété qu'elle connoissoit, elle intéressoit aussi les pauvres à travailler à ce grand ouvrage par leurs prières, en redoublant ses aumônes; enfin elle armoit toute l'église de France contre l'idolâtrie de Clovis.

Clotilde exhortoit sans cesse son époux à embrasser le christianisme. Ce prince, à demi vaincu par l'exemple touchant des vertus de la reine et par les avis des âmes pieuses qu'il avoit à sa cour, se sentoit entraîné comme malgré lui, mais les préjugés de sa jeunesse le retenoient encore.

Clotilde, soutenue par sa confiance en Dieu, attendoit patiemment le moment qu'il avoit marqué dans sa sagesse pour ouvrir les yeux du roi. Cependant, elle travailloit à rendre sa maison chrétienne; elle en retranchoit tous les vices, y répandoit partout l'odeur de sa piété, et tâchoit d'y faire régner toutes sortes de vertus, dont elle donnoit des leçons à tout le monde par son exemple; mais le point principal, celui qui l'occupoit sans cesse, étoit la conversion de Clovis. Clotilde soupiroit jour et nuit devant Dieu, et demandoit à grands cris cette grâce signalée; cependant, le ciel étoit sourd à ses prières, ou Clovis n'étoit pas encore digne de cette faveur.

CHAPITRE IV.

La politique et la religion engagent Clotilde à persuader à son époux de se faire chrétien. — Saint Rémi joint auprès du roi ses instances à celles de la reine. — Ingomer, fils de Clovis, est baptisé; — Il meurt. — Clodomir est baptisé; — il tombe dangereusement malade. — Clovis entre en colère contre la reine; il lui fait des reproches amers. — Clotilde obtient par ses prières la guérison de son fils. — Ce qu'étoient les Armoriques — Ils occupoient entre autres pays l'Ile de France, où Paris est situé. — Siège de Paris. — Clovis forme le blocus de cette ville, afin de la prendre par famine. — Sainte Geneviève vient au secours des Parisiens. — Sainte Geneviève les avoit sauvés du temps d'Attila. — Vie de Sainte Geneviève.

Sans doute le salut éternel de Clovis étoit le principal motif qui faisoit désirer à Clotilde de le voir chrétien, mais la politique vint encore s'y joindre, pour lui faire hâter, s'il étoit possible, la conversion du roi.

Clotilde n'avoit pas été plutôt sur le trône, qu'elle avoit vu tous les malheurs qui accabloient les Romains catholiques confédérés; cette princesse dut naturellement s'intéresser à leur sort, et Saint Remi qui regardoit Clovis comme son fils, également attaché à la reine Clotilde par rapport à la religion catholique qu'elle professoit, n'eut pas de peine à faire voir à cette princesse que la résistance des confédérés Armoriques, ne venoit que de leur éloignement pour un prince païen. Clotilde crut donc servir l'Etat et l'Eglise, en mettant tout en œuvre pour décider Clovis à embrasser la religion chrétienne.

Saint Remi joignoit ses prières et ses sollicitations à celles de Clotilde; mais Clovis, peu disposé dans ce moment à se prêter aux vues de la reine, se contentoit de lui laisser l'espoir de l'amener un jour à faire une chose qu'elle désiroit avec une si grande ardeur. Il porta même la complaisance qu'il avoit pour elle, jusqu'à souffrir qu'on baptisât Ingomer, le premier fils qui naquit de leur mariage; mais Dieu, qui vouloit éprouver la foi de Clotilde, dans ces commencemens, permit qu'Ingomer mourût après le baptême. La reine eut à soutenir la douleur de perdre un fils, et les reproches amers que lui en fit Clovis. « Mon fils auroit vécu, lui dit-il, si » on l'avoit mis sous la protection de » mes Dieux; mais pour avoir été » baptisé au nom du vôtre, il lui en a » coûté la vie. » Clotilde, persuadée du bonheur de son fils, s'arma de courage dans ce cruel moment, elle répondit à Clovis sans s'émouvoir : « Je rends grâces au Dieu tout-puis- » sant, créateur de l'univers, d'avoir

» bien voulu recevoir de moi un su[jet]
» jet pour son royaume ; et je n[e]
» puis m'affliger d'une mort qui as[-]
» sure son bonheur éternel. »

Un an après, Clotilde eut un se[-]
cond fils (Clodomir), qu'elle fi[t]
aussi baptiser. Cet enfant avoit en[-]
core la robe blanche de son bap[-]
tême, lorsqu'il tomba dangereuse[-]
ment malade. Cette fois, Clovis entr[a]
dans une grande colère contre l[a]
reine, qui, toujours soumise à la vo[-]
lonté du ciel, mit toute sa confianc[e]
en lui. Cette pieuse princesse vers[a]
devant Dieu une grande abondanc[e]
de larmes, et lui demanda par d'in[-]
stantes prières la santé de son fils,
espérant que si elle obtenoit cett[e]
faveur, ce pourroit être un d[es]
moyens de la conversion de Clovis.
Dieu jeta sur Clotilde un regard f[a-]
vorable ; son fils recouvra la sant[é]
d'une manière toute miraculeuse.

mais cette espèce de résurrection, qui apaisa le courroux du monarque, ne changea point son cœur. Clotilde, véritablement chrétienne, ne perdit ni l'espoir, ni la patience. Persuadée que Dieu est impénétrable dans ses voies, et qu'il ne fait rien que pour notre avantage, cette princesse redoubla ses prières, ses jeûnes, ses aumônes, pour faire violence au ciel, et en obtenir le plus ardent de ses vœux; mais le roi étoit plus éloigné que jamais de se faire chrétien; la mort de son fils et des raisons de politique lui faisoient remettre sa conversion d'un temps à un autre; mais l'instant n'en étoit pas éloigné. Avant d'en venir à ce grand événement, il est nécessaire de parler de plusieurs choses qui l'ont précédé. Nous allons reprendre l'histoire d'un peu plus haut.

Les pays des Romains confédérés

étoient situés entre ceux des Francs et des Visigots, c'est-à-dire entre la Loire et la Seine. Les Armoriques (1) s'étendoient encore dans la Bretagne, la Normandie et le Berri. Si tous ces Etats n'eussent eu qu'un même esprit, et qu'ils eussent été gouvernés par un seul maître, ils auroient pu se garantir des Francs, des Bourguignons et des Visigots; mais il étoit difficile que, dans une si grande étendue de pays, il n'y eût qu'un seul intérêt. Si une ville étoit attaquée, les autres villes voisines pouvoient la secourir; mais les plus éloignées ne devoient fournir que peu ou point de troupes, ayant souvent affaire elles-mêmes à d'autres ennemis.

A la faveur du peu d'accord qu'il y avoit entre les confédérés, Clovis fit

---

(1) Les Brétons.

VIE DE SAINTE CLOTILDE.

successivement des courses dans leur pays. Placé à Soissons, il se transportoit dans la Picardie et dans l'île de France, et fatiguoit ainsi les habitans des campagnes; mais, réduit pour lors à ses seules forces, il ne pouvoit pas avancer beaucoup dans ses conquêtes: les confédérés se renfermoient dans leurs villes, lorsque Clovis en approchoit, et ne pensoient nullement à se soumettre. Le roi des Francs prit donc le parti d'en assiéger quelques-unes. Paris étoit au nombre des plus considérables: cette ville, avantageusement située, et formant une communication du côté d'Orléans et du pays des Visigots, des frontières desquels Clovis cherchoit à s'approcher, cette ville, dis-je, fut la première que ce prince voulut assiéger.

Clovis commença ce siége aussitôt après la prise de Soissons, l'an 486, c'est-à-dire, à peu près sept ans avant son mariage. Il l'attaqua d'abord dans les formes, et livra plusieurs assauts; mais ses troupes, qui pouvoient difficilement en approcher, cette ville étant située dans une île, et environnée de tous côtés d'un mur fortifié par des tours, furent repoussées. Clovis, qui vit que les attaques étoient inutiles, transforma alors le siége en blocus, dans l'espoir de prendre la ville par famine. Déjà les Parisiens en sentoient toutes les horreurs, lorsqu'une sainte fille, devenue depuis leur patronne, vint à leur secours. Geneviève avoit déjà sauvé Paris, dans une semblable occasion. Voici comment.

Lorsque les Gaules trembloient en apprenant les cruautés d'Attila, Paris se trouva sur le chemin de celui des Huns, et la consternation et l'effroi s'emparèrent de ses habitants. Sainte Geneviève, qui vivoit pour lors à Paris, où elle s'étoit consacrée

Dieu, engagea les Parisiens à rester dans leur ville, les assurant que celle où ils vouloient se retirer seroit saccagée. En effet, après avoir ruiné Auxerre, apprenant que les Visigots joints à Aétius étoient en marche pour venir l'attaquer, Attila voulut s'emparer d'Orléans, avant qu'ils y eussent jeté du secours; il marcha promptement vers cette ville, laissant les Parisiens dans la plus grande vénération pour Sainte Geneviève dont les prières et la pénétration d'esprit les avoient préservés d'un désastre inévitable. Sans craindre de déplaire à nos lecteurs en interrompant notre récit, nous allons parler un peu en détail de cette sainte fille, qui a eu un trop grand crédit parmi les Parisiens de ce temps-là, et sous le règne de Clovis, pour qu'il soit déplacé d'appuyer sur sa naissance et sur les commencemens de sa vie.

Geneviève naquit à Nanterre, près Paris, l'an 423, de parens les plus considérables du lieu; son père s'appeloit Sévère et sa mère Géronce.

C'est là que tu naquis, toi dont le nom vanté
Des échos de Nanterre est encore répété :
Habitante des cieux, jadis simple bergère,
Aujourd'hui de Paris l'étoile tutélaire.
Sixte, né comme toi dans le sein des hameaux,
Mercenaire gardien du plus vil des troupeaux,
Que depuis la fortune, en miracle féconde,
Eleva par degrés au premier rang du monde,
Au faîte éblouissant de sa prospérité,
M'étonne moins que toi dans ton obscurité.
Ah! qu'en sa politique il est loin de la gloire
Qu'une innocente vie assure à ta mémoire!
Tu dois à ta vertu ce temple si pompeux (1),
Placé sur la montagne où tu reçois nos vœux :
Si tu vécus obscure, et pauvre et négligée,
En sceptre, après ta mort, ta houlette est changée (2).

(1) M. Soufflot, connu par l'élévation et noblesse de ses idées, est l'architecte de la nouvelle Sainte-Geneviève. Elle est bâtie dans le goût des temples romains. Le plan intérieur de ce beau vaisseau est surtout d'une grande entente (intelligence dans la distribution ; terme d'art).

(2) Le Mierre, fête de Sainte Geneviève.

Instruite dans la religion chrétienne dès sa plus tendre enfance, Geneviève donna bientôt des preuves de la plus ardente piété; son esprit vif et pénétrant lui fit voir dans la religion les seules ressources qui peuvent nous faire supporter les malheurs attachés à notre existence. Son père, plein de piété, désiroit qu'elle se consacrât à Dieu en qualité de vierge, comme c'étoit l'usage alors. Il eut bientôt la satisfaction de voir l'accomplissement de ses désirs. Saint Germain, évêque d'Auxerre, et Saint Loup, évêque de Troyes, allant en Angleterre pour combattre l'hérésie pélagienne, passèrent par Nanterre; le bruit de leur arrivée fit venir au devant d'eux un concours considérable de peuple. Geneviève, qui avoit alors sept ans, y fut avec son père et sa mère. Transportée du désir de voir et d'entendre d'aussi saints personnages, elle courut au devant des deux prélats. Saint Germain, remarquant cette jeune fille, dans laquelle il aperçut autant de pénétration d'esprit que de piété, l'embrassa sur le front, et demanda quels étoient ses père et mère; on les fit approcher.

Geneviève témoigna bientôt aux saints évêques le désir de se consacrer à Dieu. Après avoir consulté les parens de la jeune enfant, Saint Germain la conduisit à l'Eglise au milieu d'une grande foule de peuple; après avoir fait sa prière, il étendit la main sur la tête de Geneviève, et lui donna la confirmation. Il recommanda ensuite à Sévère d'amener sa fille dans l'endroit où il alloit loger, dès la pointe du jour et avant son départ.

CHAPITRE V.

Suite de la Vie de Sainte Geneviève. — La sainte est calomniée. — Les Parisiens lui rendent enfin justice. — Childéric, père de Clovis, avoit une grande considération pour Sainte Geneviève; anecdote à ce sujet. — La famine règne dans Paris. — Sainte Geneviève fait équiper une flotte pour aller chercher du blé en Champagne. — La flotte alloit périr; Sainte Geneviève la sauve. — La sainte est reçue des habitans d'Arcy-sur-Aube comme un envoyé du ciel. — Elle reçoit à Troyes les mêmes respects et les mêmes hommages. — Par les soins de Geneviève, le convoi arrive heureusement à Paris. — La sainte fait la distribution du blé. — Elle donne du pain aux pauvres. — Les Parisiens doivent regarder Sainte Geneviève comme leur libératrice.

LE lendemain, dès le point du jour, Sévère conduisit Geneviève au logis de l'évêque. Saint Germain demanda à la jeune prosélyte, si elle persis-

toit dans ce qu'elle lui avoit promis la veille, de consacrer à Dieu sa virginité et de vivre dans tous les exercices de piété qui conviennent à une vierge chrétienne; Geneviève répondit qu'elle espéroit que Dieu lui en feroit la grâce. Alors le saint prélat ayant pris une médaille sur laquelle étoit le signe de la croix, et qui étoit attachée à un cordon, il la passa au cou de Geneviève, en lui disant ces paroles remarquables : « Portez cette
» croix, ma fille, en mémoire de vo-
» tre divin époux, et ne souffrez point
» que votre corps soit paré d'aucune
» perle, ni étoffe précieuse, ni que
» votre cou et vos doigts soient chargés d'or, d'argent ou de pierreries;
» car, si vous aimez la moindre parure du siècle, vous êtes privée des
» ornemens célestes et éternels (1). »

---

(1) Ces paroles de Saint Germain prouvent

VIE DE SAINTE CLOTILDE. 57

Dès ce moment Geneviève se regarda comme véritablement consacrée à Dieu, quoiqu'elle ne fût consa-

---

évidemment que Geneviève n'étoit pas une simple bergère, quoi qu'en dise la tradition. Il n'en est nullement question dans l'histoire de sa vie, écrite dix-huit ans après sa mort, ni dans la vie de Saint Germain, écrite par le prêtre Constance, du vivant même de la sainte. Il seroit possible qu'une fois consacrée à Dieu, Geneviève eût voulu garder elle-même les troupeaux de son père, pour mener une vie plus conforme à son nouvel état, et vaquer plus aisément à la prière et à la méditation; mais on voit clairement, dans l'histoire de sa vie, qu'elle avoit des biens près de Meaux. Nous verrons ailleurs Geneviève jouir d'une considération supérieure à celle d'une simple vierge. Plusieurs vierges s'attachèrent à elle, lorsqu'elle demeura à Paris, et elle les nourrissoit. Geneviève secourut les Parisiens, autant par son courage que par ses libéralités. Alors les vierges consacrées à Dieu ne renonçoient pas à leurs biens; elles en jouissoient et s'en servoient pour faire des aumônes.

crée vierge qu'à l'âge de quatorze
quinze ans, quand l'évêque de Char‑
tres lui donna le voile sacré.

Geneviève resta à Nanterre jus‑
qu'à la mort de son père et de sa mè‑
re, ensuite elle se retira à Paris, chez
une dame qui étoit sa marraine, et qui
l'avoit priée de venir demeurer chez
elle.

Après sa consécration et dès l'âge
de quinze ans, cette sainte fille ne
mangeoit pour toute nourriture que
du pain d'orge avec des fèves cuites,
et ne buvoit jamais que de l'eau. Elle
continua ce genre de vie si austère
jusqu'à l'âge de cinquante ans; alors,
par le conseil des évêques, pour qu'
elle eût toujours le plus grand respect,
elle fit usage d'un peu de lait et de
poisson. Un jeûne si rigoureux étoit
soutenu par une prière fervente et
presque continuelle: Geneviève pas‑
soit en prière la nuit du samedi au

dimanche, pour se préparer à célébrer dignement le jour du Seigneur. Elle se disposoit à la fête de Pâques par une retraite qui duroit depuis l'Epiphanie jusqu'au jeudi saint; alors la sainte se retiroit dans une cellule qu'elle avoit du côté de Saint-Méry.

La conduite de Sainte Geneviève, si différente de celle des autres habitans de Paris, lui attira de grandes persécutions. On attaqua la sainte par d'infâmes calomnies; mais cette humble servante du Seigneur n'y répondit que par des larmes et des prières ferventes adressées à Dieu pour ses persécuteurs. Le passage d'Attila, sur lequel elle voulut les tranquilliser en leur persuadant de ne pas quitter leur ville, lui attira encore de plus grands ennemis. Geneviève avoit persuadé aux femmes de détourner la colère de Dieu par des prières, des veilles et des jeûnes, et les avoit fait passer ainsi plusieurs jours en prières. Les hommes, craignant d'être surpris par les Barbares, avant de pouvoir se sauver avec leurs femmes, traitèrent la sainte de fausse prophétesse; ils allèrent même jusqu'à vouloir attenter à sa vie; mais quel fut leur étonnement, lorsqu'ils virent que tout étoit arrivé comme Geneviève l'avoit prédit, et que les Huns n'approchoient pas même de la ville? Dès-lors ils n'eurent plus pour elle, jusqu'à la fin de sa vive, que des sentimens de vénération et de confiance. Dès ce moment, la sainte devint l'âme des Parisiens, et ils ne firent plus rien sans la consulter, persuadés que Dieu ne pouvoit abandonner une aussi sainte fille, et qu'elle devoit pénétrer jusque dans les secrets de la divinité. L'anecdote suivante fera voir quelle étoit la considération dont jouissoit Sainte Geneviève à la cour des rois.

VIE DE SAINTE CLOTILDE. 61

Childéric, père de Clovis, en marchant avec les Romains, passoit souvent par Paris. Ses troupes campoient dans les plaines voisines, et leur roi lui-même logeoit dans le camp. Dans un de ses passages, le roi Childéric condamna à mort un maraudeur. Ceux qui s'intéressoient au sort de ce malheureux, avertirent Sainte Geneviève, et la prièrent d'intercéder auprès du roi pour le coupable; Geneviève se mit aussitôt en chemin pour aller trouver Childéric qui étoit dans la ville; mais ce prince, averti que Geneviève vouloit lui parler, se douta du sujet qui l'amenoit vers lui, et craignant de ne pouvoir résister aux sollicitations de cette sainte fille, il sortit au plutôt de Paris (1) pour faire exécuter ses ordres, on en fer-

---

(1) Cette ville étoit encore au pouvoir des Romains.

ma les portes. Geneviève étant arrivée, se les fit ouvrir, et rejoignit le roi, qui ne put lui refuser la grâce du coupable.

Il est temps de revenir aux Parisiens que nous avons laissés assiégés par Clovis. Sainte Geneviève qui pensoit, ainsi que les habitans, qu'il falloit tout faire pour conserver la ville à l'empereur d'Orient, son véritable souverain, engagea les Parisiens à équiper la flotte que l'empire romain entretenoit à Paris, pour défendre la Seine des incursions des Barbares. Cette flotte devoit aller chercher des vivres à Arcy-sur-Aube en Champagne. Sainte Geneviève, touchée du malheur des Parisiens, s'embarqua elle-même, afin de leur procurer le secours dont ils avoient besoin.

Cette flotte composée de onze bateaux alloit périr sur des écueils, lorsque Sainte Geneviève, qui vit le danger qui la menaçoit, ordonna de débarquer. La sainte s'aperçut que plusieurs arbres gênoient le courant de l'eau, et occasionoient des naufrages; elle les fit abattre. Aussitôt, deux serpens monstrueux sortirent de leurs antres, et s'enfuirent, laissant les spectateurs glacés d'effroi. La flotte, continuant sa route, arriva heureusement à Arcy-sur-Aube.

Aussitôt que Geneviève eut mis pied à terre, les principaux habitans s'empressèrent d'aller à sa rencontre. Sa réputation l'avoit précédée, et chacun prioit cette sainte fille d'intercéder auprès de Dieu, pour obtenir quelque faveur du ciel; l'un demandoit la santé d'un enfant ou d'une épouse chérie; l'autre que Dieu répandît ses bénédictions sur ses entreprises; tous attendoient avec confiance les grâces qu'ils se flattoient d'obtenir, si Geneviève prioit pour eux.

Geneviève, n'ayant pas trouvé [à] Arcy-sur-Aube une quantité de blé suffisante, alla par terre jusqu'[à] Troyes chercher des vivres. Dans cette ville, comme à Arcy-sur-Aube, le peuple la reçut avec la vénération due à un envoyé de Dieu : celui qui pouvoit toucher ses vêtemens s'estimoit heureux, et se croyoit à l'abri des maux qui affligent l'humanité. Geneviève s'occupa dans cette ville des pauvres et des infortunés avec son zèle ordinaire; mais l'amour qu'elle leur portoit ne lui fit point perdre de vue l'objet de son voyage. Dès que la sainte eut rassemblé assez de blé pour charger sa petite flotte, elle revint à Arcy-sur-Aube et s'embarqua pour Paris.

Les Francs ne possédoient ni Troyes, ni Arcy; ces deux villes, tachées au parti des confédérés catholiques et Armoriques, ne vouloient reconnoître ni des rois païens, ni des rois ariens: les vertus de Sainte Geneviève les fortifioient dans leur foi, en leur prouvant que la religion catholique, qui produisoit tant de biens, étoit la seule bonne.

En descendant la Seine, la flotte fut assaillie d'une violente tempête et jetée contre des arbres et des rochers (1). Geneviève sauva le convoi par sa prudence et par ses prières: la flotte arriva heureusement à Paris, au bruit des cantiques des matelots et de l'allégresse du peuple.

Après avoir distribué du blé dans la ville, Sainte Geneviève fit préparer du pain pour les pauvres. Il falloit que la disette fût bien grande dans Paris; car à peine donnoit-on

---

(1) Vie de Sainte Geneviève.

au pain le temps de cuire. Sainte Geneviève, qui veilloit jour et nuit à cette distribution, en délivroit secrètement aux plus nécessiteux. La sainte eut la satisfaction de voir Paris sauvé d'une famine qui faisoit plus de ravage parmi le peuple, que les armes des assiégeans.

Les Francs, qui n'avoient point de flotte, ne purent empêcher le convoi d'entrer dans Paris. Ainsi cette ville, que Geneviève avoit sauvée des mains d'Attila, le fut une seconde fois par son courage et sa charité ; la sainte la sauva de la famine, fléau non moins redoutable que le roi des Huns.

CHAPITRE VI.

Conquête de la Thuringe. — Le siége de Paris continue. — Les Parisiens sont attaqués et secourus. — Troubles en Italie. — Théodoric combat Odoacre et le fait mourir. — Les Romains confédérés des Gaules sont disposés favorablement pour Clovis. — Saint Remi, rempli d'affection pour Clovis lui donne de bons conseils. — Clotilde fait des vœux pour les catholiques. — Les Allemands entrent dans les Gaules. — Bataille de Tolbiac. — Clovis fait vœu de se faire baptiser, s'il remporte la victoire. — Il est victorieux.

Il y avoit quatre ans que duroit le siége de Paris, lorsque les Thuringiens, ou habitans de Liége, firent une incursion dans les terres des Francs-Saliens leurs voisins, vraisemblablement pour faire une diversion qui devînt favorable aux Parisiens, catholiques comme eux. Dès que Clovis en apprit la nouvelle, il laissa autour de Paris le nombre de troupes nécessaire pour en continuer le blocus; et marchant vers les Thuringiens ou Tongriens, il les battit en plusieurs rencontres, et les força de se retirer dans leur ville de Tongres. Ce prince assiégea cette ville, la prit, et soumit tout le pays, l'an 491, dans la dixième année de son règne, un an ou deux avant son mariage.

La conquête de la Thuringe arrondit les états de Clovis, et le mit à même de communiquer immédiatement avec Cologne, où régnoit Sigebert, roi des Francs-Ripuaires, dont les possessions s'étendoient jusque dans l'Allemagne; c'est ainsi que ce prince augmentoit successivement sa puissance. Clovis soumit en même temps plusieurs autres pays indépendans; mais il revint bientôt à Paris, dont le siége devoit l'inquiéter. Les confédérés Armoriques, et surtout ceux des villes voisines, avoient envoyé des secours aux Parisiens, qu'ils devoient protéger nécessairement ; car Paris étant le boulevard et la clef de leur pays, sa prise auroit laissé aux Francs la facilité d'entrer dans leurs terres pour y faire des courses, et s'emparer même des autres villes confédérées. L'intérêt étoit donc égal des deux côtés ; et Clovis mit tous ses soins à pousser ce siége. A son retour, il attaqua Paris avec plus d'ardeur ; mais les Armoriques, faisant diversion d'un autre côté, se jetèrent sur les nouveaux pays conquis par Clovis, les ravagèrent, et empêchèrent que ce prince ne poussât aussi vivement un siége soutenu avec l'intrépidité la plus héroïque. Combien de combats et d'actions glorieuses sont ici perdus pour la postérité ! Peut-être l'ancienne Troie n'en a-t-elle pas eu de plus dignes de lui être transmises.

Pendant la durée de ce siége, un des plus longs qu'on eût vu depuis long-temps, l'Italie étoit en proie à de nouveaux malheurs : Rome gémissoit sous la domination d'Odoacre, et tâchoit d'engager l'empereur d'Orient de venir à son secours ; mais Zénon, pour lors empereur, étoit assez occupé par les Vandales, et encore plus par les Ostrogots. Zénon avoit d'abord reconnu Odoacre pour roi d'Italie ; mais voyant les Ostrogots continuellement soulevés contre l'empire, il s'accommoda avec leur roi Théodoric, et donna à ce prince, en 489, l'importante commission d'aller combattre les troupes auxiliaires qui s'étoient cantonnées en Italie, et qui composaient l'armée d'Odoacre.

Théodoric, d'une illustre famille des Gots, avoit été élevé chez les Romains, et n'avoit de Barbare que le nom ; l'empereur Zénon l'avoit même fait consul en 484. Théodoric entra bientôt en Italie, et gagna quatre batailles sur Odoacre, qu'il contraignit l'année suivante de se renfermer dans Ravennes. Ces deux princes s'étant ensuite raccommodés, et Théodoric étant entré dans cette ville, il prétendit qu'Odoacre avoit tramé une conspiration contre lui, et le fit mourir. Ensuite il s'empara de toute l'Italie.

Les Romains confédérés des Gaules ou les Armoriques, voyant que l'empereur d'Orient abandonnoit aux Barbares les provinces d'occident, furent alors dans le plus grand embarras; ils n'avoient pas voulu reconnoître Odoacre pour leur souverain, de même ils ne pouvoient se résoudre à reconnoître Théodoric, autre Barbare. Dès ce moment les Romains confédérés ne songèrent plus qu'à savoir à quel prince ils se rendroient.

En attendant, ils ne négligèrent rien pour se défendre, jusqu'à ce que le temps leur permît de prendre un parti. De son côté, voyant que l'empereur Zénon cédoit l'Italie aux Barbares, Clovis ne garda plus aucune mesure avec les villes qui tenoient encore pour les Romains et qui espéroient avoir un empereur d'occident. Ce prince marcha vers Reims, prit cette ville et mit toute la Champagne sous son obéissance.

Saint Remi et les autres évêques ne pouvoient voir ces guerres continuelles sans gémir sur le sort des peuples et des chrétiens, attaqués par les ariens d'une part et par les Barbares d'une autre. Saint Remi connoissoit l'affection que les Romains des Gaules avoient généralement pour les Francs; il savoit que la différence de religion étoit le seul obstacle qui les empêchoit de se rendre à Clovis. Nous avons fait voir par la lettre que Saint Remi écrivit à ce monarque, les vœux qu'il formoit pour lui, dans un temps où il n'étoit pas encore sujet de ce prince; on peut juger, et par l'intérêt qu'il prenoit à Clovis et par celui de la religion, à quel point ce saint homme désiroit que le jeune roi des Francs fît une alliance qui donnât l'espoir de le voir un jour embrasser le christianisme. C'est pourquoi dès qu'il eut connu la religion et les vertus de Clotilde, il mit tout ses soins à tourner de ce côté les vues du roi. Clovis cherchoit aussi à s'allier, par un mariage digne de lui, à quelqu'un des princes qui régnoient dans les provinces voisines du beau pays qu'il venoit d'enlever à l'Empire; et les Romains qui se trouvoient à sa cour, ainsi qu'à celle de Gondebaud, profitant de cette disposition, sans s'inquiéter des suites fâcheuses qui en résulteroient pour les Bourguignons, n'épargnèrent rien pour que Clotilde devînt l'épouse de Clovis.

Clotilde ne fut pas sitôt sur le trône qu'elle vit tous les malheurs qui accabloient les Romains catholiques confédérés; elle dut naturellement s'intéresser à leur sort, et Saint Remi, qui regardoit Clovis comme son fils, également attaché à la reine par rapport à la religion catholique qu'elle professoit, fit voir à cette princesse que la religion païenne, que Clovis ne vouloit pas quitter, étoit la principale cause de la résistance des confédérés Armoriques. La princesse eût bien désiré rendre un service si important à la religion et à l'humanité, en portant son époux à embrasser le christianisme; mais l'invasion des Allemands arrêta pour un temps tous ses bons desseins.

Le mariage de Clovis n'avoit suspendu ni la guerre des Armoriques, ni le siége de Paris; mais la marche des Allemands vers les frontières des Gaules laissa un peu respirer cette ville et les confédérés. Sigebert, roi des Francs-Ripuaires, parent de Clovis et maître de Cologne, lui fit donner avis qu'une armée d'Allemands, de Suèves, de Boyens et de plusieurs autres nations réunies, venoit de passer le Rhin pour entrer dans les Gaules, et qu'elle commençoit à ravager la partie de ses états qui s'étendoit en Allemagne. Sigebert fit également avertir le roi de Cambrai. Clovis et ce roi réunirent leurs troupes et marchèrent en diligence vers Cologne, où ils trouvèrent Sigebert qui les attendoit. Clovis eut le commandement de l'armée, composée de 25 à 30 mille hommes tant Francs que troupes romaines rassemblées de ses nouveaux états, savoir: six mille Francs-Saliens, cinq à six mille Francs sous la conduite du roi de Cambrai, autant de troupes romaines; le reste de l'armée étoit composé des troupes des Ripuaires et de celles de Cararic, autre roi Franc, qui étoit aussi intéressé que les autres à s'opposer à l'invasion des Allemands : l'armée de ces derniers étoit composée de plus de cent mille hommes. L'Allemagne avoit réuni à peu près toutes ses forces, comme au temps d'Attila, pour pénétrer dans les Gaules. Il est à présumer que les confédérés Armoriques, ou quelques autres puissances, avoient engagés les Allemands à faire une diversion de ce côté-là, afin d'affoiblir la nation des Francs. On peut croire encore que ces Barbares en vouloient principalement à Clovis.

Ce prince ayant donc pris le commandement de toute l'armée des Francs, marcha droit aux Allemands, qui déjà avoient passé le Rhin. Il les rencontra à Tolbiac, qu'on croit être

Zulpick, à quatre ou cinq lieues de Cologne, dans le duché de Juliers. Clovis divisa son armée en trois corps; il prit le commandement de la droite, donna celui de la gauche à Sigebert, et plaça les troupes romaines au centre, commandé par Aurélien, Romain et catholique, le même qui avoit négocié le mariage de Clotilde.

Gibalde, roi des Allemands, qui commandoit leur armée combinée, se plaça au centre de la bataille; il étoit opposé à Aurélien. Comme les Allemands étoient bien supérieurs aux Francs, il étoit à craindre que ces derniers ne fussent enveloppés, Clovis y pourvut en donnant à ses troupes le plus de front qu'il lui fut possible. Ce prince attaqua le premier, suivant l'usage des Francs, et avec toute l'impétuosité dont il étoit capable; mais les Allemands le reçurent avec la plus grande intrépidité.

Sigebert, roi des Francs-Ripuaires, qui étoit à l'aile gauche, fut blessé au genou et mis hors de combat. L'aile droite se soutenoit encore contre la valeur des Allemands; mais le corps de bataille des Francs où étoient les Romains-Gaulois plioit, lorsque Clovis, averti par un soldat d'Aurélien, quitte l'aile droite qu'il commande, et vole au corps de bataille; là il encourage les Romains, et leur représente leur devoir. Le fidèle Aurélien qui remarquoit que les soldats, tous chrétiens, combattoient foiblement, crut ranimer leur courage en excitant leur foi. Il s'approche de Clovis et lui dit : « Seigneur, croyez en ce Dieu que Clotilde vous annonce, et ce maître du ciel et de la terre vous fera remporter la victoire sur vos ennemis. » Aussitôt le roi des Saliens leva au ciel ses yeux baignés de larmes, et s'écria à haute voix : « Dieu de

» la reine Clotilde, vous qu'on dit être
» le fils du Dieu vivant, qui donnez
» du secours à ceux qui vous invo-
» quent, et la victoire à ceux qui es-
» pèrent en vous, j'implore votre as-
» sistance. Si vous me faites vaincre
» mon ennemi, et reconnoître le
» pouvoir que vous attribuent ceux
» qui vous adorent, je croirai en vous,
» et je me ferai baptiser en votre nom.
» J'ai invoqué mes Dieux, et ils ne me
» secourent pas : ils sont donc sans
» pouvoir. Aidez-moi à vaincre, puis-
» que je vous invoque, et que je veux
» mettre en vous toute ma confiance. »

Les Romains-Gaulois, tous catholiques, ayant entendu cette prière,
et la promesse que fit le roi Clovis de
se faire chrétien, reprirent courage.
Animés doublement par Aurélien et
par l'exemple de Clovis, ils chargent
les Allemands, les enfoncent avec fu-
rie, tuent leur roi Gibalde, et défont

entièrement son corps de bataille. Avec les mêmes troupes, Aurélien attaque l'aile des Allemands qui faisoient plier les Francs-Ripuaires, et les force à reculer. Enfin Clovis, qui étoit repassé vers les Francs-Saliens, repousse bientôt l'aile gauche des ennemis, dont la déroute devient générale.

Clovis voulut poursuivre les Allemands, mais leur voyant faire bonne contenance, il aima mieux les recevoir à composition, et leur imposer un tribut. Ce prince pénétra ensuite en Allemagne, força les Boyens et les Bavarois à le reconnoître pour roi; il rangea une partie de la Suisse sous son obéissance, et se rendit maître de Bâle. De là il s'empara de l'Alsace et de la Lorraine. Ce fut en 496 que se donna la bataille de Tolbiac.

CHAPITRE VII.

Clotilde apprend la victoire que Clovis a remportée, et le vœu qu'il a fait. — Elle en fait rendre grâces à Dieu par tout le royaume. — Lettre de Théodoric, roi des Ostrogots. — La bataille de Tolbiac étend les possessions de Clovis en Allemagne. — Ce prince recommence le siége de Paris. — Sainte Geneviève reprend ses œuvres de charité. — Sainte Geneviève et Clotilde, unies par la même religion, forment des vœux pour la conversion de Clovis. — Les Parisiens résistent, pour ne pas se rendre à un prince idolâtre. — Clovis craint qu'étant secourus, ils ne lui échappent. — Il se décide enfin à se faire instruire, et à recevoir le baptême.

Après la victoire, Clovis fit savoir à Clotilde le vœu qu'il avoit fait, et la résolution où il étoit de l'exécuter incessamment. Transportée de joie, cette princesse en fit rendre grâce à Dieu par tout le royaume, et passa plusieurs nuits en prières, afin que Dieu daignât achever son ouvrage. Clotilde n'oublia pas d'intéresser les pauvres à sa cause par d'abondantes aumônes ; elle espéra qu'enfin le ciel touché de ses larmes lui avoit accordé ce qu'elle lui demandoit depuis si long-temps avec tant d'instances.

Pendant que Clotilde prioit pour son époux, ce prince, vainqueur de ses ennemis, suivoit le cours de ses conquêtes.

Plusieurs corps d'Allemands s'étoient retirés vers le mont Jura et le lac Léman : Clovis les y poursuivit. Ces Allemands passèrent ensuite en Italie, et se réfugièrent sur les terres de Théodoric, roi des Ostrogots, lequel écrivit à Clovis, dont il avoit épousé la sœur, nommée Audefelde, pour lui demander grâce pour ces Allemands, et le féliciter sur sa victoire.

« L'alliance qui est entre nous, lui

marque Théodoric, me fait prendre beaucoup de part à la nouvelle gloire que les Francs, qui avoient été si long-temps sans faire parler d'eux, viennent d'acquérir en terrassant les Allemands, que votre main victorieuse a soumis. Ne poursuivez plus les restes malheureux de cette nation, et faites grâce à des infortunés qui ont pris leur asile sur le territoire de vos parens. N'est-ce pas une assez belle victoire, que d'avoir réduit un peuple aussi nombreux et aussi courageux à vous demander quartier, après avoir vu son roi tué dans le combat, et la plupart de ses citoyens morts ou devenus sujets, d'un prince étranger! Nous vous envoyons des personnes qui sont chargées de vous demander expressément de cesser toute hostilité contre les Allemands; ils ont encore la commission de vous communiquer, de bouche, plusieurs affaires importantes, comme de vous révéler des secrets que vous avez un grand intérêt de connoître. Notre prospérité est liée avec la vôtre, et nous apprenons avec joie vos succès, persuadés que nous sommes, qu'ils sont avantageux au royaume d'Italie. »

Ces affaires importantes paroissent être ou un traité d'aillance que Gondebaud, roi des Bourguignons, fait soit avec l'empereur Anastase, ou des secours que les Armoriques demandoient à l'empereur. Quoi qu'il en soit, Clovis cessa, d'après cette lettre, de poursuivre les Allemands. Ils se retirèrent, les uns en Italie, les autres en Suisse, qui appartenoit également à Théodoric, où il s'arrêtèrent.

La victoire de Clovis étendit considérablement ses possessions en Allemagne. Sigebert, roi de Cologne, ayant été blessé, et forcé de se retirer dans ses états après le combat, ne put participer aux conquêtes de ce prince, et la jalousie qu'il en eut fut cause de sa perte. Ces conquêtes ne furent pas les seuls avantages que Clovis retira du gain de cette bataille : à son retour, il attaqua les Arborichs (1), autre peuple qui habitoit du côté de la forêt Noire ou des Ardennes, et les soumit. Ensuite il reprit le siége de Paris, qu'il suivit avec plus d'ardeur; mais cette ville, que les alliés défendoient comme un de leurs principaux boulevards, résistoit toujours. Clovis n'avoit pas toutes les machines de guerre nécessaires pour l'attaquer, et, comme nous l'avons dit, l'approche en étoit difficile ; c'est pourquoi tantôt Clovis l'assiégeoit en forme, tantôt il conver-

---

(1) Ou Arboriques. C'est le nom qu'on donnoit aux peuples qui habitoient autrefois la Zélande, province des Pays-Bas.

tissoit le siége en blocus, suivant que l'état de ses affaires le lui permettoit.

Sainte Geneviève, toujours l'âme des Parisiens, employoit tous ses soins auprès des malades et du peuple, qui sont ceux dont les souffrances sont intolérables dans ces malheureuses circonstances. Il n'est pas douteux que cette sainte, dont la réputation étoit répandue dans les Gaules et jusqu'en Asie, ne fût connue de la reine Clotilde; la religion qu'elles professoient toutes deux devoit les unir, et le mariage de cette pieuse reine avec le roi des Francs dut verser de grandes consolations dans l'âme ardente de Sainte Geneviève, en lui présageant les avantages immenses qu'en retireroient les fidèles et l'église, surtout si Clovis se faisoit chrétien; elle joignit donc ses prières à celles des Parisiens auprès de la nouvelle reine, pour l'engager à presser son époux d'embrasser la religion catholique; mais Clovis, d'un caractère violent, n'étoit pas facile à persuader; imbu dès son enfance des erreurs du paganisme, il avoit toute la superstition que le culte des faux dieux donnoit à ses sectateurs; et Clotilde, qui gémissoit de voir ses enfans entourés d'idolâtres, employoit en vain les exhortations, les prières, les caresses, pour toucher ce cœur que l'amour de la gloire remplissoit tout entier.

Clovis, qui avoit oublié son vœu et la faveur signalée qu'il avoit reçue du ciel dans les plaines de Tolbiac, ne pensa plus qu'à attaquer les Parisiens avec toutes ses forces. Il employa pour les réduire toute l'ardeur dont il étoit capable; mais les Parisiens, qui combattoient pour leurs foyers et pour leur religion, se défendirent avec le courage du désespoir; cependant il étoit certain qu'à la fin ils succomberoient sous les efforts multipliés d'une puissance formidable qui s'agrandissoit tous les jours davantage. Persuadés de cette cruelle vérité, ils joignirent de nouveau leurs sollicitations à celles de Sainte Geneviève auprès de la reine Clotilde, pour la prier de hâter la conversion du roi, désirée également de part et d'autre. En effet, il n'y avoit pas de moyen plus prompt, plus naturel et plus conforme à la piété de Geneviève et de Clotilde, pour réunir les deux partis; mais Clovis, moins politique que guerrier, ne vouloit employer que la force pour faire des conquêtes; cependant il devoit craindre qu'à la fin les alliés et les Parisiens ne demandassent des secours aux Visigots, quoiqu'ils fussent Ariens, et détestés d'ailleurs par rapport aux vives persécutions qu'ils avoient fait souffrir aux catholiques qui se trouvoient sous leur domination. Outre les Visigots, Clovis avoit encore à redouter les Bourguignons, qui pouvoient de même les secourir. Jusqu'alors les alliés ne s'étoient adressés qu'à l'empereur d'Orient, qu'ils regardoient comme leur légitime souverain; mais comment en recevoir du secours? Les Vandales infestoient la Méditerranée; le trône impérial d'Occident étoit occupé par un roi visigot, et l'Italie, l'Espagne et la plus grande partie des Gaules, par des nations différentes, qui n'auroient pas laissé passer impunément dans leur pays les troupes impériales.

Réduits à leurs propres forces, les alliés se défendoient plutôt par religion que par politique; Paris étoit leur seul boulevard, et Geneviève dont les vertus étoient aussi éclatantes que la piété, soutenoit leur courage avec une fermeté d'autant plus inébranlable, qu'elle prévoyoit que la résistance des Parisiens et des alliés forceroit enfin Clovis d'abandonner un culte qui n'offroit que des superstitions, pour suivre une religion qui étoit la perfection de la loi naturelle et la véritable source du bonheur.

Clovis, vaincu par les difficultés, sentit enfin la nécessité d'abandonner ses erreurs; mais ses yeux étoient toujours fermés aux vérités saintes, et la politique plus que le désir de faire son salut le détermina à quitter ses idoles : ce prince avoit à redouter, s'il tardoit davantage, que les Parisiens ne fussent secourus, ou qu'on ne fît encore une diversion en leur faveur du côté de l'Allemagne. Ainsi, autant par la crainte d'échouer dans ses projets ambitieux que par les sollicitations de la reine Clotilde et de Sainte Geneviève, Clovis consentit enfin à se faire instruire.

CHAPITRE VIII.

Clotilde fait venir Saint Remi auprès de Clovis. — L'église de France est redevable à cette princesse, non-seulement du baptême de Clovis, mais encore de ce qu'il a reçu la Foi dans toute sa pureté. — Saint Remi instruit Clovis. — Les Francs demandent le baptême. — Cérémonies du baptême de Clovis. — Ses sœurs et trois mille Francs sont baptisés avec lui. — Mort d'Alboflède, sœur du roi. — Lettre de Saint Remi sur cette mort. — Lettre du pape Anastase II. Clovis étoit le seul souverain catholique. — Il est appelé par cette raison le *Fils aîné de l'Église*.

Profitant des dispositions favorables où étoit le roi, Clotilde fit aussitôt prier Saint Remi de se rendre auprès de Clovis pour l'instruire en secret.

Ce fut encore un nouveau bienfait, dont l'église de France fut redevable à Clotilde, de ce qu'ayant procuré à Clovis la connoissance du vrai Dieu, elle eut soin de lui faire recevoir la foi dans toute sa pureté par un prélat orthodoxe, lorsqu'il étoit à craindre que quelqu'un ne lui inspirât l'arianisme qui infestoit le reste des Gaules, sous la domination des Bourguignons et des Visigots. Cet avantage acquit à Clovis la gloire d'être le seul (1) de tous les princes de son temps qui fût catholique.

Saint Remi, s'étant rendu auprès de Clovis, eut avec ce prince plusieurs entretiens secrets à l'insu de la cour. Dans ces conférences, le saint évêque apprit au monarque qu'il falloit, pour être chrétien, renoncer au culte des idoles, incapables de s'aider elles-mêmes, et à plus forte raison d'aider les autres, et ensuite adorer

---

(1) L'empereur étoit eutychien.

le Dieu créateur du ciel et de la terre. Je me rendrois volontiers, disoit le roi à Saint Remi, mais je crains que mes Francs, me voyant renoncer à leurs dieux, ne veulent plus me rendre l'obéissance qu'ils me doivent; donnez-moi le temps de sonder leurs dispositions, et de m'assurer de leur fidélité.

Dans cette intention, Clovis fit assembler les Francs, ses sujets; il leur dit en peu de mots ce qu'il crut le plus convenable à la circonstance. Dès qu'ils eurent commencé à connoître ce que le roi désiroit d'eux, tous s'écrièrent comme par inspiration: « Nous renonçons au culte des dieux périssables, et nous voilà prêts à reconnoître le Dieu qu'annonce l'évêque de Reims. »

Aussitôt que Saint Remi eut appris cet heureux événement, il donna ordre qu'on préparât les fonts. Tout fut disposé en conséquence dans le baptistère : un grand nombre de cierges rendoient une lumière éclatante et donnoient à la cérémonie un air de pompe et de solennité ; l'encens le plus précieux en parfumoit l'enceinte; les murs de la cour qui se trouvoit devant cet édifice, étoient tapissés; et, pour la mettre à couvert, on avoit tendu, au-dessus, des toiles enrichies de toutes sortes de broderies. Dès que tout fut préparé, le nouveau Constantin se présenta, et demanda au saint évêque d'être régénéré dans les eaux du baptême. Remi lui accorda sa demande, et dès que le roi prosélyte fut entré dans le bassin où il devoit être baptisé, le saint évêque lui dit à haute voix, avant de verser l'eau : « Sicambre (1), baisse la tête et

_____

(1) Nom d'une des nations qui, réunies en une seule, formèrent celle des Francs.

humilie ton cœur; brûle ce que tu as adoré, et adore ce que tu as brûlé. »

Le roi des Francs, ayant confessé un seul Dieu en trois personnes, fut baptisé au nom du Père, du Fils et du Saint-Esprit; il fut ensuite oint avec le saint-chrême, appliqué en forme de croix. Trois mille de ses sujets en âge de porter les armes reçurent le baptême avec lui. Lantilde ou Lantildis, une de ses sœurs, qui s'étoit faite arienne, abjura en même temps son hérésie, et fut réconciliée à l'église par l'onction. Une autre sœur de Clovis, nommée Alboflède, fut aussi baptisée avec lui. Cette princesse étant morte peu de jours après, Clovis fut sensiblement touché de sa perte, et son affliction donna lieu à Saint Remi de lui écrire une lettre de consolation, ainsi conçue :

« La mort de votre sœur Alboflède, d'heureuse mémoire, m'afflige

» autant qu'elle vous touche. Nous
» avons tort néanmoins de ne pas
» nous consoler, en pensant qu'elle
» est sortie de ce monde ayant encore
» la grâce du baptême, et que sa des-
» tinée est pour nous digne d'envie.
» Votre foi vous dit que Jésus-Christ,
» en la choisissant, lui assure la cou-
» ronne de la virginité. A Dieu ne
» plaise, que les fidèles pleurent
» celle par les mérites de laquelle le
» Seigneur accorde des secours à
» ceux qui les demandent. Eloignez,
» grand prince, la tristesse de votre
» cœur, afin de pouvoir gouverner
» votre royaume avec plus de saga-
» cité. Après avoir donné un long
» cours à votre douleur, il est temps
» de reprendre votre courage ordi-
» naire, pour sauver vos fidèles su-
» jets des attaques de leurs ennemis.
» Vous avez un grand état à con-
» duire, et si la Providence le per-

» met, à rétablir; vous êtes le chef
» de plus d'une nation, et vous leur
» devez l'exemple ; qu'ils ne voient
» point dans l'affliction celui qu'ils
» ont vu si souvent couvert de gloire
» et de laurier. Reprenez un cou-
» rage qui puisse empêcher que le
» chagrin n'abatte les forces de votre
» esprit, vous souvenant que le roi
» du ciel se réjouit de la mort de celle
» que vous pleurez.

» Après avoir fait des vœux pour
» un prince si grand, j'oserai lui re-
» commander le prêtre Maccolus,
» qui m'est fort attaché, et que je lui
» envoie. Il ne me reste plus qu'à
» vous demander pardon de vous
» avoir écrit ce que mon devoir m'o-
» bligeoit de vous dire de bouche.
» Cependant, si vous me faites dire
» par celui qui vous remettra ma let-
» tre que votre volonté est que je me
» rende auprès de votre personne, je

» me mettrai incessamment en che-
» min, sans que la rigueur de l'hiver
» me retienne. »

Cette lettre fait voir et l'attachement de Saint Remi pour Clovis, et la sensibilité de ce prince, qui étoit inconsolable de la mort de sa sœur.

La cérémonie du baptême de Clovis, la plus solennelle qu'on eût vue depuis long-temps, se fit dans l'église cathédrale de Reims (1), aux fêtes de Noël, la quinzième année du règne de Clovis sur les Francs, et la trentième de son âge. Il porta la robe blanche pendant l'espace de huit jours, selon l'usage d'alors.

Le pape et les évêques catholiques des Gaules lui écrivirent pour le féliciter sur sa conversion. La lettre d'Anastase II, qui occupoit alors le

---

(1) En 496.

Saint-Siége, est conçue en ces termes.

Anastase, évêque, à son glorieux et illustre fils Clovis.

« Nous nous félicitons que votre
» entrée dans le christianisme ait eu
» lieu à la même époque que le com-
» mencement de notre pontificat. Le
» siége apostolique ne peut que se
» réjouir d'un si grand événement,
» en voyant une si grande nation se
» réunir à lui.
» Je vous ai envoyé le prêtre Eu-
» ménius, pour vous témoigner toute
» la joie de votre père en Jésus-
» Christ; et je ne doute pas que vous
» ne remplissiez nos espérances, et
» que vous ne deveniez le plus puis-
» sant appui de notre siége, et la plus
» grande consolation de l'église qui
» vient de vous mettre dans la voie
» de Dieu.

» Notre cher, notre glorieux fils,
» continuez à donner des sujets de
» joie à votre mère (1), soyez pour
» elle un soutien aussi solide qu'une
» colonne de fer, afin que ces priè-
» res obtiennent du ciel que vous
» marchiez toujours dans la voie du
» salut, et qu'il fasse tomber à vos
» pieds les ennemis qui sont autour
» de vous. »

Les ennemis dont parle ici le pape sont les Visigots et les Bourguignons ariens, que le pontife livroit à Clovis, regardé par les catholiques de ces deux royaumes comme leur soutien et leur espérance. En effet, la conversion de Clovis servit à contenir les Gaulois, tous chrétiens, dans son obéissance, et à mettre dans son parti les autres sujets des princes Gots et des princes Bourguignons.

---

(1) L'Eglise.

car, comme nous l'avons dit, Clovis étoit alors le seul souverain qui fût catholique : le roi des Visigots et celui des Bourguignons étoient ariens, ainsi que Théodoric, roi des Ostrogots, qui occupoient l'Italie : l'empereur Zénon étoit eutychien (1). Le Pape voyoit donc dans le roi des Francs-Saliens le plus puissant protecteur de la chrétienté et du siége de Rome; c'est de ce moment que le Saint-Siége a regardé le roi des Francs comme son fils aîné.

Parmi les différentes lettres que Clovis reçut des évêques des Gaules, nous ne citerons que celle d'Avitus. On la verra dans le chapitre suivant.

---

(1) Hérétique, comme les ariens.

CHAPITRE IX.

Lettre d'Avitus, évêque de Vienne, à Clovis. — Les évêques établissoient de grandes espérances, pour l'extension de la religion chrétienne, sur la conversion de Clovis. — La joie des peuples est la même pour la conversion de Clovis que pour l'abjuration d'Henri IV. — A la sollicitation de Sainte Geneviève et de la reine Clotilde, les Parisiens se soumettent à Clovis. — Union parfaite de Clovis et de Clotilde. — Sentimens guerriers et religieux de Clovis, exprimés par des paroles remarquables. — Clovis n'habite Paris qu'après la mort d'Alaric. — Paris avoit alors le droit de capitale.

Avitus, évêque de Vienne, au roi Clovis.

« Il semble que la Providence vienne
» d'envoyer un arbitre pour décider
» la question qui s'agite entre les com-
» munions chrétiennes. Un prince

» aussi éclairé que vous indique aux
» autres hommes, en choisissant un
» parti, quel est celui qu'ils doivent
» prendre. Votre conversion à la foi
» catholique fera donc triompher
» l'église de ses adversaires, d'au-
» tant plus certainement, que cette
» conversion montre encore qu'il
» ne faut point avoir de répugnance
» pour abjurer les erreurs de ses
» pères.

» Si vous avez obligation à vos
» ancêtres de vous avoir laissé un
» puissant état périssable et une
» puissance passagère, vos descen-
» dans vous auront une obligation
» bien plus grande, puisque vous
» leur transmettrez un trésor tout
» autrement précieux, l'avantage de
» naître dans la bonne religion. Que
» l'empire d'Orient continue à se
» vanter d'avoir un souverain catho-
» lique, j'y consens; mais cet empire

» ne jouira plus d'un pareil bonheur:
» celui d'Occident le partage aujour-
» d'hui. Un roi qui règne depuis
» long-temps est devenu un nouvel
» astre, dont les rayons vont éclairer
» aussi ce dernier empire.

» Quel heureux augure que cet
» astre se soit levé le propre jour
» de la naissance du Sauveur du
» monde, et que vous ayez été ré-
» généré dans les eaux du baptême
» au temps même où l'église célé-
» broit la Nativité de Jésus-Christ!

» Le jour de Noël, déjà si cher
» aux fidèles, va leur devenir encore
» plus précieux, parce qu'il a été ce-
» lui où vous vous êtes donné à Dieu
» et à vos frères.

» Quel sujet pour exercer l'élo-
» quence de nos orateurs, que l'au-
» guste cérémonie dans laquelle on
» vous administra le baptême! Si je
» n'y ai point été présent corporelle-

» ment, j'y ai du moins assisté en es-
» prit le jour même auquel vous
» aviez eu la bonté de m'avertir
» qu'elle devoit se faire. Ainsi, dans
» le moment qu'on répandoit sur
» vous les eaux salutaires, je m'occu-
» pois entièrement de l'idée que je
» me formois d'un spectacle si saint,
» où je me figurois voir plusieurs
» évêques employer leurs mains con-
» sacrées au Seigneur, à servir un roi
» redoutable aux nations, qui s'hu-
» milioit devant le Dieu tout-puissant.
» Je voyois un de ces prélats vous
» oindre la tête, et un autre vous
» ôter votre cotte d'armes et votre
» cuirasse, pour vous revêtir des ha-
» bits des nouveaux chrétiens. Ces
» habits, quoique faits d'une étoffe
» sans résistance, vous rendront plus
» de services dans toutes vos guerres,
» que ne feroient les armes de la
» meilleure trempe. Croyez-moi,

» grand prince, votre destinée ne
» vous a jamais fait avoir autant
» d'heureux succès que votre piété
» va vous en procurer (1). Vos lu-
» mières naturelles et votre sagesse
» me dispensent de vous donner ici
» les avis que je donnerois à un au-
» tre prosélyte. Irois-je vous dire
» qu'il faut avoir de la foi, quand
» vous croyez déjà? Vous dirois-je
» qu'il faut être humble, quand vous
» daignez vous recommander à mes
» prières, même avant que vous eus-
» siez promis, en recevant le baptê-
» me, d'être humble de cœur? Pour-
» rois-je vous prêcher la compassion
» pour les affligés, quand un peuple
» de captifs, dont vous brisez les
» chaînes, entretient sans cesse les

---

(1) Avitus connoissoit les dispositions favorables des catholiques des Gaules à l'égard de
ce prince.

» nations de votre bienfaisance, et
» demande continuellement à Dieu
» qu'il veuille bien récompenser vo-
» tre charité! Il ne me reste donc
» qu'une chose à vous proposer. Le
» Seigneur aura bientôt achevé, par
» votre moyen, la conversion de toute
» la nation des Francs; disposez-vous
» dès aujourd'hui à faire connoître
» son saint nom aux peuples qui sont
» au-delà des pays où cette nation
» habite maintenant, et qui ne sont
» pas encore infectés du venin de
» l'hérésie. Employez tous vos soins
» à faire connoître aux peuples dont
» je parle le Dieu qui vous a comblé
» de tant de bénédictions; et passant
» par dessus la délicatesse ordinaire
» des souverains, envoyez-leur des
» ambassadeurs qui les pressent d'en-
» trer dans le sein de l'église. Que
» les peuples idolâtres qui vous re-
» gardoient comme le plus grand roi

» de leur religion, et comme leur
» chef en quelque sorte, soient con-
» vertis par vos soins; qu'ils se réu-
» nissent tous dans le même senti-
» ment de respect pour vos volontés,
» quelques différens qu'ils restent
» dans les autres affaires. Vous êtes
» un soleil qui se lève pour tout le
» monde, et dont aucun pays parti-
» culier n'a droit, pour ainsi dire, de
» s'approprier la lumière. Les pays
» qui ont le bonheur d'en être plus
» voisins jouiront, il est vrai, d'une
» plus grande splendeur; mais ceux
» qui en sont les plus éloignés ne
» laisseront pas d'en être éclairés.
» Vos bienfaits se répandent dans
» tous les lieux, et vos ministres ren-
» dent service à tout l'Empire. Conti-
» nuez à faire les délices des provin-
» ces où brille votre couronne, et la
» consolation du reste du monde.
» Toutes les Gaules retentissent du

» bruit des heureux événemens qui
» arrivent aux habitans de ces pro-
» vinces, par votre moyen. Nous-
» mêmes, nous prenons une part
» très-grande à vos succès, et toutes
» les fois que vous triomphez, nous
» croyons avoir remporté une vic-
» toire. Votre bonheur n'a point chan-
» gé la bonté naturelle de votre âme,
» et vous aimez toujours à faire les
» œuvres de miséricorde que la reli-
» gion nous recommande. C'est en
» exerçant votre charité que vous
» donnez les plus grandes preuves
» de votre puissance; voilà sans doute
» le motif qui vous a engagé à de-
» mander par un ordre particulier
» qu'on remît entre vos mains le fils
» de l'illustre Laurentius, qui vous
» est si dévoué. J'ose me vanter d'a-
» voir obtenu de mon maître Gonde-
» baud, qu'il fît en cela votre volon-
» té. Il est roi de sa nation, mais cela

» n'empêchera pas que dans les oc-
» casions vous ne trouviez en lui
» toutes sortes de déférences. Je vous
» recommande le fils de Laurentius,
» qu'on vous envoie, et que je félicite
» sur son bonheur, quoique je le lui
» envie: il est moins heureux, à mon
» avis, d'être rendu à son père, que
» d'être remis entre les mains de no-
» tre père commun. »

On voit par cette lettre les grandes espérances que les évêques avoient conçues à l'égard de Clovis, tant pour la tranquillité des Gaules que pour la prospérité de la religion chrétienne. Il est vrai que, même étant païen, ce prince eut toujours pour les évêques la plus grande déférence; mais cela étoit-il étonnant ? Alors ces prélats étoient les protecteurs des malheureux, l'appui des foibles, le refuge des pauvres; dans quelle religion ne respecte-t-on pas de tels hommes?

La conversion de Clovis causa à peu près la même joie aux alliés Romains de Paris, que fit aux Parisiens l'abjuration de Henri IV, lorsqu'il faisoit le siége de cette grande ville.

La religion n'étant plus un obstacle pour la réunion des Francs et des Armoriques, Sainte Geneviève d'une part, et la reine Clotilde de l'autre, furent les premiers conciliateurs; et les Armoriques se soumirent, savoir, Paris, et tout le pays confédéré qui s'étendoit de la Seine à la Loire, Melun et le château de Saint-Maur. Ce fut à cette époque que le roi donna Melun, sous le titre de comté, à Aurélien, ce seigneur romain qui avoit ménagé le mariage de Clotilde.

La pieuse reine, voyant ses souhaits heureusement accomplis, n'en fit plus après le baptême du roi, que pour la persévérance du nouveau baptisé. Cependant la vraie foi ne fit qu'augmenter la tendresse que Clovis avoit pour Clotilde : leur union devint plus étroite et plus parfaite; ils n'agirent plus que par le même esprit, travaillant de concert à propager dans leurs états la religion sainte qu'ils professoient. Ces deux époux vécurent ensemble dans cette admirable intelligence, jusqu'à ce qu'il plût à Dieu de les séparer.

Un trait de la vie de Clovis fera connoître l'esprit guerrier de ce prince. Dans le temps que le roi, et ceux qui s'étoient faits chrétiens avec lui, portoient encore les habits blancs dont ils s'étoient revêtus pour recevoir le baptême, Saint Remi leur prêcha un jour la passion. « Où étions-nous alors, mes Francs et moi, s'écria Clovis, les choses ne se seroient pas passées ainsi. »

Bien que la ville de Paris fût soumise, Clovis ne vint pas alors s'y établir; la guerre qu'il eut avec les Bourguignons l'obligeoit d'être souvent en campagne; il n'en fit son séjour habituel qu'après la mort d'Alaric. Paris jouissoit à cette époque du droit de capitale.

CHAPITRE X.

Orléans se rend à Clovis. — Ce prince augmente son armée des troupes romaines qui défendoient Paris et Orléans. — La Brétagne se soumet, et Clovis est maître d'une partie de la Gaule. — Jalousie d'Alaric, roi des Visigots, contre Clovis. — Il bannit Volusien, évêque de Tours, qu'il croit favorable à Clovis. — Théodoric, roi d'Italie, fait sa paix avec l'empereur d'Orient. — Ce prince s'unit à Clovis contre Gondebaud. — Mésintelligence entre les deux rois de Bourgogne. — Traité entre Godégisile et Clovis. — Gondebaud écrit à son frère. — L'armée des Francs et celle des Bourguignons se trouvent en présence. — Trahison de Godégisile. — Gondebaud s'enfuit à Avignon.

La soumission de la plus grande partie des Romains confédérés des Gaules suivit de près celle de Paris et de la Gaule Celtique. Les troupes romaines qui étoient dans Paris, et qui avoient défendu cette ville avec tant de courage et pendant si long-temps, s'étoient rendues à Clovis, à condition qu'elles serviroient sous leurs mêmes enseignes. Ce prince leur accorda leur demande, les réunit à son armée, et marcha aussitôt vers Orléans. Cette ville auroit pu l'arrêter long-temps, étant défendue par les troupes romaines : voyant de quelle manière le roi avoit traité celles de Paris, elles se soumirent aux mêmes conditions; par là, Clovis s'assura de tout le pays qui est entre la Seine et la Loire.

Clovis, à qui la fortune prodiguoit ses faveurs depuis qu'il avoit reçu la foi, n'eut qu'à paroître en Bretagne; les Bretons se soumirent à condition qu'ils suivroient leurs lois et leurs coutumes. Dans le même temps Clovis s'empara de la Normandie, et en 497, un an après son baptême, et deux ans après la bataille de Tolbiac, ce prince fut maître de la moitié des Gaules.

Les conquêtes de Clovis réveillèrent la jalousie des Visigots, dont les états touchoient aux siens; et comme ces peuples regardoient les évêques comme les partisans secrets de Clovis, ils en sacrifièrent plusieurs à leur défiance.

Volusien, évêque de Tours, homme pieux, riche, et sorti d'une famille sénatoriale, devint suspect aux Visigots, parce qu'il avoit écrit à Clovis une lettre de félicitation après le baptême de ce prince; ce prélat fut accusé d'avoir voulu mettre son diocèse sous le pouvoir des Francs; en conséquence, on le conduisit à Toulouse, où il fut condamné à être relégué en Espagne, c'est-à-dire dans la partie des Gaules qu'on appeloit l'Espagne Citérieure.

Clovis brûloit du désir de punir les Visigots qui cherchoient à l'inquiéter; mais il craignoit que les Bourguignons, ariens comme eux, n'accourussent à leur secours. Il jugea plus sûr de commencer par faire la guerre aux Bourguignons, certain que les Visigots, peuples timides, n'oseroient pas l'attaquer les premiers.

Théodoric, roi des Ostrogots en Italie, venoit de faire sa paix avec Anastase II, empereur d'Orient, et content d'avoir dans Rome, où il avoit fait son entrée, la qualité d'empereur, il méprisoit le titre, et ne portoit jamais les marques de cette dignité. Il *se contentoit* (1) du nom de roi, nom que tous les Barbares (2)

---

(1) Dit Procope, écrivain contemporain.
(2) Le nom de Barbare n'avoit alors rien d'odieux; il se prenoit dans la signification d'étrangers; les Barbares eux-mêmes se le

ont coutume de donner à leur chef suprême. Ce qui prouve que les Romains, accoutumés à des empereurs ou à des consuls, méprisoient encore le titre de roi.

Théodoric, tranquille possesseur de l'Italie, voulut faire des conquêtes dans les Gaules, pour flatter les Romains, et agrandir ses états. Les Bourguignons étoient les premiers peuples qui s'offroient à lui; ils occupoient le Piémont, la Savoie, le pays de Genève, et une partie de la Gaule lyonnoise entre le Rhône et les Alpes; ils possédoient aussi la Bourgogne. Théodoric, ayant besoin d'un allié qui fît diversion dans les Gaules, proposa à Clovis de s'unir à lui contre Gondebaud. Clovis écouta favorablement les propositions du roi d'Italie,

---

donnoient souvent dans les occasions où ils vouloient se distinguer des Romains.

son beau-frère, puisqu'il avoit épousé Audeflède, sœur de Clovis; mais ce titre seul n'auroit pas été suffisant pour déterminer Clovis; le roi des Francs ne fut pas fâché de profiter de cette occasion pour faire des conquêtes, et se venger en même temps de l'affront que Gondebaud avoit voulu lui faire, en envoyant des troupes pour arrêter la reine Clotilde à son départ de Châlons sur Saône.

Les Bourguignons étoient loin de se douter de l'orage qui se formoit contre eux. La mésintelligence ayant éclaté entre leurs rois, Gondebaud et Godégisile, celui-ci, qui craignoit le traitement que Gondebaud avoit fait à Chilpéric, fit proposer à Clovis de conclure contre son frère un traité de ligue offensive et défensive. Il étoit dit dans ce traité : premièrement, qu'on se déferoit de Gondebaud par les voies les plus convenables; en second lieu, que sitôt que Godégisile seroit défait de son ennemi, il paieroit au roi des Francs un tribut, tel qu'il plairoit à Clovis de le fixer.

Rien ne pouvoit être plus favorable aux projets de Clovis et de Théodoric. Clovis se hâta d'en profiter. Ayant prévenu le roi d'Italie, il se mit sur-le-champ en campagne. Gondebaud, qui ignoroit le traité fait entre son frère et Clovis, n'eut pas plutôt appris que les Francs étoient entrés dans ses états, qu'il pria Godégisile de venir le joindre pour l'aider à les repousser: « Défendons-nous de concert, lui écrivit-il, afin de ne point tomber dans l'inconvénient funeste qui nous a fait voir tant de nations détruites; parce que leurs chefs, n'ayant pas su se réunir à temps contre leur ennemi commun, ne l'ont combattu que l'un après l'autre. »

Godégisile se joignit à Gondebaud;

et bientôt l'armée des Francs et celle des Bourguignons furent en présence. Clovis et Gondebaud se rencontrèrent auprès de Dijon, château bâti, dit Grégoire de Tours, sur la rivière d'Ouche.

Théodoric devoit envoyer des troupes à Clovis pour combattre leur ennemi commun; mais le roi d'Italie, qui vouloit ménager ses soldats, avoit ordonné à ses généraux de ne hâter leur marche qu'au cas que les Francs fussent vainqueurs.

Sans attendre un renfort dont sa valeur n'avoit pas besoin, Clovis avoit marché contre les Bourguignons, et les généraux de Théodoric étoient encore en marche, quand le roi des Francs présentoit la bataille à Gondebaud. Bientôt les deux armées en vinrent aux mains. Dès le commencement de l'action, Godégisile se rangea du côté de Clovis, et tourna ses armes contre son frère, dont l'armée fut entièrement défaite. Gondebaud, voyant cette trahison, ne songea plus qu'à se sauver; il prit sa route le long du Rhône et gagna la ville d'Avignon, où il s'enferma. Ce combat eut lieu l'an 500 de l'ère chrétienne.

CHAPITRE XI.

Godégisile se fait reconnoître roi dans la ville de Vienne. — Clovis assiége Gondebaud dans la ville d'Avignon. — Proposition d'Aridius au roi fugitif. — Aridius passe dans l'armée des Francs. Il traite avec Clovis, qui consent à laisser la liberté à Gondebaud. — Les Ostrogots donnent de l'argent aux Francs et se retirent. — Gondebaud se met à la tête d'une armée, et assiége son frère dans Vienne. — Godégisile, surpris, fait sortir de la ville toutes les bouches inutiles. — Vengeance d'un fontainier, il indique à Gondebaud les moyens de faire entrer des troupes dans la ville. — Défaite et mort de Godégisile. — Vengeance de Gondebaud. — Alaric maltraite les évêques. — Entrevue d'Alaric et de Clovis.

Après cette triste victoire, Godégisile se mit en possession des états de son frère, et comptant la guerre finie, il se fit reconnoître pour roi dans la ville de Vienne qui en étoit la capitale. Godégisile promit de nouveau d'accomplir le traité fait avec Clovis, et de lui remettre la partie du pays des Bourguignons qui devoit demeurer aux Francs.

De son côté, Clovis poursuivit Gondebaud, dans le dessein de le faire prisonnier, et d'en disposer ensuite comme il le jugeroit à propos.

Le roi fugitif fut saisi d'une frayeur extrême, lorsqu'il vit les pavillons des Francs tendus devant la ville d'Avignon; il craignit, s'il tomboit entre leurs mains, de perdre la vie comme Siagrius. Dans ce moment difficile, Gondebaud prit conseil d'Aridius, son ministre, personnage d'une rare prudence et capable des actions les plus hardies. Aridius avoit prévu les maux qui affligeoient les Bourguignons; n'ayant pu les empêcher au mariage de Clovis, il voulut au moins y remédier ou les diminuer, s'il étoit possible. En conséquence, Aridius proposa à son maître de passer comme transfuge dans le camp de Clovis, et de chercher à faire la paix avec ce prince.

Gondebaud ayant consenti à la proposition de ce fidèle serviteur, Aridius passa dans l'armée des Francs, et fut reçu avec considération de la part de Clovis. Ce Romain, voyant que les Francs commençoient à se fatiguer de la longueur du siége, persuada à Clovis d'accorder la paix à Gondebaud, à condition que le roi des Bourguignons lui paieroit un tribut. Par là, ajouta Aridius, il vous sera dévoué, puisqu'il vous devra son salut; et, supposant même qu'il refusât d'accepter vos propositions, vous serez toujours le maître d'en user comme il vous plaira.

Clovis suivit le conseil d'Aridius; il s'y rendit d'autant plus volontiers, que les généraux de Théodoric, qui l'avoient joint avec des troupes, commençoient à l'inquiéter. Déjà ce prince s'étoit plaint de la lenteur de leur marche. Après s'être excusés autant qu'ils le purent, les Ostrogots offrirent de payer le dédommagement ou espèce d'amende à laquelle le traité les condamnoit. Les Francs acceptèrent l'offre; ils reçurent l'argent des Ostrogots, et emportèrent les dépouilles des Bourguignons.

Gondebaud ne se vit pas plutôt en liberté qu'il marcha précipitamment à Vienne, où se tenoit Godégisile, et l'y assiégea. Ce prince, qui étoit loin de prévoir ce revers de fortune, n'avoit point fait les préparatifs nécessaires pour soutenir un siége; il craignoit que la ville ne fût affamée; c'est pourquoi il en fit mettre dehors les bouches inutiles. Du nombre des personnes qui sortirent de la ville se trouvoit un fontainier. Indigné du peu de cas qu'on avoit fait de lui, cet homme vint trouver Gondebaud, et lui enseigna le moyen de surprendre Vienne en y entrant par un aqueduc qu'il lui indiqua. Profitant de l'avis, Gondebaud lui confia des troupes, avec lesquelles il pénétra dans le canal; on écarta les pierres qui en fermoient l'issue, et le corps de troupes que l'ouvrier conduisoit pénétra dans la ville. A un signal convenu, l'armée de Gondebaud s'approcha des remparts; les troupes de Godégisile s'étant mises en marche pour les défendre, virent avec effroi l'ennemi derrière elles et maître de la ville. Chacun ne pensa plus qu'à se sauver. Godégisile se réfugia dans une église, où il fut tué avec un évêque arien.

Quelques Francs, qui s'étoient attachés au service de ce prince, s'enfermèrent dans une tour pour se défendre le plus long-temps possible. Forcés de se rendre, Gondebaud se contenta de les désarmer; il les envoya à Toulouse, auprès d'Alaric, roi des Visigots, qui vivoit politiquement avec Clovis.

Gondebaud fit mourir les sénateurs des cités qui l'avoient abandonné, et ceux des Bourguignons qui avoient suivi Godégisile; ensuite s'étant rendu maître de tout le pays qu'on nommoit alors le royaume de Bourgogne, il régna paisiblement.

Tranquille du côté des Bourguignons, Clovis commença à faire attention à la conduite des Visigots. Volusien, évêque de Tours, soupçonné de favoriser le roi des Francs, avoit été chassé de son siége, et Vérus, son successeur, avoit eu la même destinée; plusieurs personnes considérables avoient éprouvé le même sort, sous le prétexte de catholicité, mais uniquement parce qu'elles étoient affectionnées pour Clovis.

Le roi des Francs se disposoit à

faire repentir Alaric de cette conduite injuste et cruelle, lorsque Théodoric, roi d'Italie, se chargea de les réconcilier. Clovis et Alaric eurent une entrevue dans une île formée par la Loire, vis-à-vis d'Amboise, dans le territoire de Tours; deux ponts, qui communiquoient à cette île, la rendoient propre à y tenir une conférence. Les deux rois mangèrent ensemble, et se séparèrent en se donnant de grandes marques d'amitié; ils se promirent d'entretenir la paix, et de vivre en bonne intelligence.

A cette époque, tous les Romains des Gaules et d'Italie ne reconnoissoient pas encore les rois Barbares, surtout les ariens, comme leurs légitimes souverains; un grand nombre ne voyoit dans ces rois que des intrus qu'on pourroit chasser un jour des pays qu'ils occupoient.

CHAPITRE XII.

Alaric continue de maltraiter les évêques. — Quintianus quitte son diocèse. — La fuite de cet évêque est cause d'une rupture entre Alaric et Clovis. — Clovis présente cette guerre à ses peuples, comme étant entreprise pour l'intérêt de la religion. — Clovis, à la sollicitation de Sainte Geneviève, fait bâtir l'église de Saint-Pierre et Saint-Paul. — Sigebert et Gondebaud joignent leurs armées à celle de Clovis. — Augure tiré d'un verset du Psaume XVII. — Prodiges. — Les rois Alaric et Clovis se rencontrent. — Clovis et Alaric combattent corps à corps. Clovis tue Alaric. — Clovis fait sa paix avec les Ostrogots. — Présens qu'il fait à l'église de Saint-Martin.

Alaric continuoit à maltraiter les évêques. Quintianus, évêque de Rodez, se vit forcé d'abandonner son diocèse, comme partisan de Clovis, et les fidèles le regardèrent comme un saint persécuté.

Dans le temps que Quintianus, ami d'Avitus, évêque de Vienne et très-attaché à Clovis, formoit un parti en faveur de ce prince parmi les Romains des Gaules, soumis aux Visigots, Alaric achevoit d'indisposer les esprits, en faisant altérer les monnoies d'or.

Cependant, pour calmer les Romains catholiques, ce prince venoit d'assembler un concile à Agde, où Saint Césaire, évêque de cette ville, avoit présidé. Alaric fit faire une rédaction du code Théodosien, qui devoit servir de loi aux Romains qui vivoient sous son obéissance. Cette conduite sage et politique d'Alaric lui auroit concilié autant l'esprit des Visigots que celui des Romains, sans l'altération des monnoies. Ce tort étoit irréparable. Ses ennemis en profitèrent pour décrier son règne, et le faire regarder comme un tyran.

Clovis, qui n'attendoit qu'une circonstance favorable pour se déclarer contre Alaric, crut devoir saisir celle-ci.

La fuite de Quintianus fut le signal et le prétexte de la rupture entre les deux princes, et la guerre fut résolue.

Clovis, en habile politique, fit regarder cette guerre comme entreprise pour les intérêts de la religion ; en conséquence il assembla les principaux des Francs, et leur dit : « Je ne puis souffrir que les ariens occupent plus long-temps une grande partie des Gaules ; marchons promptement contre eux, et, à l'aide du ciel, réduisons sous notre obéissance le beau pays dont ils sont possesseurs. » Toute l'assemblée applaudit au discours du prince, qui mit aussitôt ses troupes en campagne.

Voyant la bonne disposition de ses

soldats, Clovis voulut se rendre le ciel favorable par un établissement religieux, sollicité par Sainte Geneviève. Cette sainte avoit fait bâtir à ses frais l'église de Saint-Denis en France; les biens qu'elle possédoit et son économie l'avoient mise à même de faire cette dépense. Sainte Geneviève, dont l'étendue du génie égaloit la piété, n'avoit pas moins à cœur de faire bâtir une église au prince des apôtres. Si Rome se glorifioit d'une église dédié à Saint Pierre, Paris lui parut une ville digne du même avantage : elle prévoyoit sans doute alors la grandeur de l'Empire françois. Après en avoir conféré avec la reine Clotilde, la sainte persuada à Clovis d'élever un temple en l'honneur de Saint Pierre, afin de se rendre le Ciel favorable dans la guerre qu'il alloit entreprendre. Clovis lui accorda sa demande, par la vénération qu'il avoit pour ses vertus. Cette église, dédiée aux apôtres Saint Pierre et Saint Paul, bâtie par Clovis à la sollicitation de la sainte, et continuée ensuite après la mort de Clovis et de Sainte Geneviève par les ordres et la munificence de la reine Clotilde, fut dans la suite dédiée à Sainte Geneviève, et Clovis y fut inhumé en 511 (1).

---

(1) Ce premier monument de la piété des rois de France fut brûlé par les Normands en 856. Il semble n'avoir commencé à se détruire que pour laisser à Louis XV la gloire de signaler, à l'exemple de Clovis, son amour pour la religion, son respect pour la patronne de sa capitale, et son zèle pour l'embellissement de la première ville de son royaume. En 1755, ce prince donna ses ordres pour la construction d'une nouvelle église; il voulut qu'on n'épargnât rien de tout ce qui pourroit contribuer à la magnificence d'un édifice qui devoit être un des plus beaux monumens de son règne. Le 10 septembre 1764, il posa la première pierre de la nouvelle église de Sainte-Geneviève.

Ayant prévu que la persécution des catholiques romains, dont il prenoit ouvertement la défense, occasioneroit une guerre avec Alaric, Clovis avoit demandé du secours au roi des Bourguignons. Soit que Gondebaud n'osât pas refuser ce secours, soit qu'il espérât avoir part aux conquêtes des Francs, il envoya des troupes aussitôt qu'il en fut sollicité. Clovis s'étoit adressé de même aux autres rois des Francs; mais il paroît qu'il n'y eut que Sigebert, roi de la tribu des Ripuaires de Cologne, qui lui envoya le secours qu'il réclamoit, commandé par son fils Clodéric.

Apprenant que Clovis réunissoit toutes ses forces, Alaric donna des ordres pour assembler les siennes: Poitiers fut le rendez-vous général de son armée; mais, pour ne pas lui donner le temps de faire ses préparatifs, Clovis marcha droit vers cette ville; il passa la Loire à Orléans, dont il étoit maître, entra dans le pays des Visigots, et prit son chemin par la Touraine qui alors étoit sous leur domination.

En passant par Tours, Clovis surprit et édifia les habitans de cette ville par le respect et la vénération qu'il témoigna pour Saint Martin, regardé comme l'apôtre des Gaules. En entrant dans la ville de Tours, Clovis défendit de prendre autre chose que de l'herbe et de l'eau. Un soldat franc eut la hardiesse d'enlever quelques bottes de foin à une pauvre femme, disant que c'étoit de l'herbe; il fut condamné à mort et exécuté. Quel succès, disoit ce prince, pouvons-nous attendre de notre entreprise, si nous manquons au respect dû à Saint Martin? Cet exemple de piété et de sévérité contint les troupes, et servit à concilier au roi l'esprit des habitans de la Touraine.

En partant pour cette guerre, les Francs avoient juré de ne point se faire la barbe, qu'ils n'eussent vaincu leurs ennemis. Ces sortes de vœux étoient communs alors. Il étoit encore d'usage de tirer augure du verset qu'on chantoit à l'office au moment où l'on entroit dans l'église. Clovis envoya des personnes de confiance porter ses offrandes au tombeau de l'apôtre des Gaules, et les chargea de plusieurs lettres pour l'évêque et les principaux du clergé. Cette démarche de la part du roi le faisoit paroître aux yeux du peuple le prince le plus chrétien et le plus religieux, et en même temps elle servoit à connoître les dispositions du clergé à l'égard des Francs.

Lorsque les envoyés du roi entrèrent dans l'église de Saint-Martin, ils entendirent ces paroles du Ps. XVII : *Vous m'avez revêtu de force pour la guerre; vous avez supplanté ceux qui s'étoient élevés contre moi; vous avez mis mes ennemis en fuite, et vous avez exterminé ceux qui me haïssoient.* Les Francs, très-satisfaits, rapportèrent ces paroles à Clovis, et ce prince fit publier dans tout le camp un si heureux présage. Ce qui arriva sur les bords de la Vienne fut une confirmation de cet heureux pronostic. L'armée ne savoit où passer cette rivière: une biche s'élança à la vue de tout le camp, et découvrit un gué, qu'on nomme encore aujourd'hui *le Pas de Biche*. Un troisième prodige plus frappant encore ne laissa plus aucun doute sur le succès de cette entreprise; on vit en l'air un feu qui sembloit s'allumer sur le haut de l'église de Saint-Hilaire, il vola au-dessus du camp, et vint se poser sur la tente de Clovis, où il acheva de se consumer. Dans un siècle plus éclaré, on n'aurait vu dans ce phénomène qu'une aurore boréale; on crut y voir alors un prodige qui annonçoit les plus brillans succès.

L'armée de Clovis étoit composée des Francs-Saliens, des Francs-Ripuaires et des Bourguignons. Le roi plaça les Francs-Ripuaires à la droite, commandés par Clodéric; les Bourguignons occupèrent la gauche; Clovis se plaça avec les Saliens et les troupes romaines au centre de la bataille.

Les armées se rencontrèrent dans les plaines de Vouillé, près de Poitiers. On en vint aux mains. Les deux rois s'aperçurent; pleins d'une égale ardeur, ils piquent leurs chevaux l'un contre l'autre, se chargent avec impétuosité, et se portent des coups terribles qu'ils parent avec adresse. Clovis plus vigoureux, ou plus adroit, renversa Alaric de dessus son cheval, et l'étendit mort à ses pieds.

Deux cavaliers visigots, voyant tomber leur roi, coururent à son secours, et percèrent Clovis de deux coups de lance. Ce prince ne dut son salut qu'à la bonté de ses armes et à la vigueur de son cheval. Bientôt l'armée des Visigots fut mise en déroute; les seuls Auvergnats tinrent ferme et furent presque tous taillés en pièces. Appollinaire qui les commandoit, et la plus grande partie de la noblesse qui l'avoit suivi, périrent sur le champ de bataille.

Cette victoire, qui décida du sort des Gaules, fut remportée par Clovis, l'an de notre Seigneur 507, la vingt-troisième année du règne d'Alaric, et la vingt-cinquième de celui de Clovis. Ces deux princes étoient à peu près du même âge: Clovis avoit alors quarante ans.

Cette guerre fut suivie de celle des Ostrogots. Clovis fit un traité avec

Théodoric leur roi, ensuite il s'occupa d'établir sa domination sur les pays qu'il avoit conquis. En retournant à Paris, Clovis passa par Tours; il fit des présens magnifiques à l'église bâtie sur le tombeau de Saint Martin, en reconnoissance de la victoire qu'il avoit remportée, victoire due peut-être au passage de l'Ecriture que ses envoyés avoient entendu.

CHAPITRE XIII.

Anecdote; Clovis rachète son cheval de bataille. — Ce prince reçoit à Tours des ambassadeurs d'Anastase, empereur d'Orient, qui lui envoie le titre et les ornemens de Patrice, de Consul et d'Auguste. — Clovis fixe sa résidence à Paris. — Clovis tombe malade. — Sa guérison. — Sa maladie le rend cruel. — Sa conduite envers Clodéric, fils de Sigebert. — Il fait assassiner tous les princes de la famille royale. — Clovis veut faire la guerre à Théodoric, roi d'Italie. — Il fait des fondations pieuses. — Il rétablit le bon ordre pour le spirituel, et réforme les mœurs. — Concile d'Orléans en 511. — Origine du droit de régale.

APRÈS la bataille de Vouillé, Clovis avoit fait présent à l'église de Saint-Martin, de son cheval de bataille qui lui avoit sauvé la vie, en le débarrassant des deux cavaliers visigots. Quelque temps après ce prince voulut racheter ce cheval, auquel il étoit attaché, et il envoya cent sous d'or aux domestiques de l'église de Saint-Martin, qui l'avoient eu en garde. Clovis, croyant les avoir bien payés, leur faisoit dire de remettre son cheval à ceux qui se présenteroient de sa part. Ceux-ci s'étant en effet présentés pour recevoir le cheval du roi, furent bien surpris de voir que cet animal ne voulut jamais passer le seuil de la porte de son écurie. Clovis, instruit de cette ruse, admira l'adresse des palefreniers, qui en peu de temps avoient si bien dressé ce cheval; et devinant leurs motifs, il envoya encore cent sous d'or(1). Ces deux cents sous d'or ayant été comptés, le cheval suivit de lui-même ceux qui étoient venus de la part de Clovis.

---

(1) Deux cents sous d'or valoient à peu près mille écus de notre monnoie.

Ce prince dit en souriant : « Si Saint Martin sert bien ses amis, en récompense il les fait bien payer. »

Clovis étoit encore à Tours, lorsqu'il reçut les ornemens consulaires; c'étoient une robe de pourpre et un manteau d'écarlate; il s'en revêtit dans l'église de Saint-Martin; Clovis mit ensuite le diadème sur sa tête, ornement particulier aux rois des Francs, et montant à cheval en sortant de l'église, il se rendit en grand appareil à la cathédrale de Tours. Pendant sa marche, Clovis jetoit avec bonté au peuple qui le suivoit en foule, quantité de pièces de monnoie d'or et d'argent. Ce prince prit dès lors la qualité d'Auguste, nom toujours cher et vénérable aux Gaulois, par la longue habitude qu'ils avoient eue avec les Romains.

C'est alors que Clovis fixa sa résidence à Paris qui devint le siége de la monarchie française.

Paris étoit alors d'une si grande importance, que trois petits-fils de Clovis, en partageant la succession de leur frère Caribert, convinrent qu'aucun d'eux n'auroit en partage cette capitale; ils ne la mirent dans aucun lot. Cette ville resta à tous en commun. Il fut arrêté dans le pacte de famille, que celui des copartageans qui mettroit le pied dans Paris, sans le consentement exprès des autres, seroit déchu de la part et portion qu'il y auroit.

Quelques mois après son arrivée à Paris, Clovis fut attaqué d'une fièvre qui dura près de deux ans, pendant lequel temps il établit de sages lois dans ses états.

Jusqu'alors la force de son tempérament l'avoit empêché de succomber à la longueur de la maladie; mais enfin, il commençoit à s'affoiblir; on craignoit pour ses jours ; on environnoit le palais, on menaçoit les médecins : les Francs et le peuple murmuroient.

Un des principaux médecins de Clovis, nommé Tranquillin, craignant d'être la victime du peuple, si le roi venoit à mourir, et s'avouant peut-être intérieurement son ignorance, persuada à Clovis d'avoir recours aux prières de Saint Severin, abbé du monastère d'Agaunes. Il s'imagina sans doute que Dieu qui avoit regardé Clovis d'un œil favorable, en le faisant entrer dans la véritable église, opéreroit un miracle pour lui rendre la santé du corps. Le roi envoya aussitôt chercher Saint Severin. Ce saint homme avoit reçu dans sa cellule Odoacre qui l'étoit venu consulter, il jouissoit de la plus grande réputation de sainteté. A son arrivée à Paris,

Saint Severin fut introduit dans la chambre du roi ; il se mit en prières, ôta sa chasuble et la passa sur le corps de Clovis. Ce prince ayant recouvré la santé par l'intercession du saint abbé, le renvoya chez lui avec de grands présens ; mais Saint Severin mourut en route, à Château-Landon.

Sans doute Clovis eût appelé Sainte Geneviève, dans laquelle il avoit tant de confiance, pour qu'elle priât pour lui ; mais la sainte fut long-temps absente ; et pendant la maladie du roi, elle étoit à Tours, à visiter le tombeau de Saint Martin.

La maladie de Clovis aigrit considérablement son caractère. Ce prince n'avoit aucune autorité sur les Francs qui n'étoient pas ses sujets. En temps de guerre, il les commandoit en qualité de consul et comme maître de la milice des Romains ; mais hors de là, il ne pouvoit rien sur ces

Francs qui avoient leur roi particulier. Regnacaire étoit roi de Cambrai, et son état ne comprenoit à peu près que l'étendue du diocèse de cette ville; Sigebert régnoit à Cologne, sur les Francs-Ripuaires; Cararic (1), autre roi des Francs, avoit ses possessions dans un pays situé entre les diocèses de Boulogne, de Saint-Omer, de Bruges et de Gand. Ingomer, roi Franc, régnoit dans le Maine; tous ces rois étoient de race royale.

Considérant que les Francs de tous ces royaumes réunis étoient en bien plus grand nombre que les Saliens, Clovis craignit sans doute qu'ils ne le détrônassent; ou qu'à sa mort, ils n'en vinssent à faire élire un d'entre eux roi de sa tribu, au préjudice de ses enfans qui bientôt auroient été mis à mort.

---

(1) Cararic étoit roi des Morins, peuples de Saint-Omer et d'une grande partie de l'Artois.

Soit que cette crainte le dominât, soit que l'ambition seule le portât au crime, ce prince résolut de s'emparer des états des autres rois Francs; de se rendre maître de leurs personnes et de les faire mourir.

Par les ordres de Clovis, les ambassadeurs qu'il avoit à la cour de Sigebert, roi des Francs-Ripuaires, représentèrent à Clodéric, son fils, que ce prince étoit déjà vieux et estropié par la blessure qu'il avoit reçue à la bataille de Tolbiac: ils lui firent entendre que, s'il vouloit s'assurer du trône, Clovis lui serviroit d'appui. Ce jeune prince, aveuglé par l'ambition, n'eut pas horreur de commettre un parricide! Un jour que Sigebert étoit sorti de Cologne, et qu'il avoit passé le Rhin pour prendre l'air dans les environs de la forêt de Buchaw, il s'endormit après le dîner; des assassins subornés par son fils le mirent à mort. Clodéric, maître de la fortune et des trésors de son père, fit avertir Clovis de ce qui venoit d'arriver.

Clovis, qui s'étoit porté vers l'Escaut avec une armée, s'approcha de Cologne, et envoya des émissaires secrets à Clodéric. A leur arrivée, ce prince les ayant menés dans le trésor de son père, pour leur faire voir ses richesses et le partage qu'il en vouloit faire avec Clovis, un d'eux, dans le moment où Clodéric se baissoit pour prendre l'or dans un des coffres, lui fendit la tête d'un coup de hache d'armes.

Sachant ce qui s'étoit passé, Clovis se rendit à Cologne, assembla les sujets de Sigebert, et leur tint ce discours insidieux :

« Voici le motif qui m'amène ici :
» Clodéric, à l'occasion d'un voyage
» que j'ai fait sur l'Escaut, a mécham-

» ment répandu que j'avois dessein
» d'attenter à la vie de son père, mon
» bon parent, quoique ce fût lui-
» même qui en voulût à la vie de ce
» prince.......»

Clovis raconte comment Clodéric
a fait assassiner son père; il se dit
innocent du meurtre du fils de Sigebert, et se propose lui-même pour
être leur roi. Aussitôt on applaudit
avec transport : les Francs-Ripuaires
jettent des cris de joie, ils frappent
sur leurs boucliers, et au même instant élèvent Clovis sur un pavois, et
le proclament roi de leur tribu.

On peut juger par ce seul trait du
caractère rusé et cruel de Clovis. Nous
n'entrerons point dans le détail de
ses autres cruautés, qui sont plus convenables à être citées dans l'histoire de sa vie que dans celle de Clotilde : mais ce que nous venons de
rapporter, Cararic, roi des Morins

et son fils, d'abord rasés, ensuite massacrés par ses ordres; Regnacaire, roi de Cambrai, et son frère Riquier, qu'il tua de sa propre main; Ingomer, roi du Mans, et son frère assassinés par des gens qu'il leur avait envoyés, sont autant d'actions injustes et cruelles, qui flétrissent sa mémoire et sa réputation.

Maître de toute la puissance des Francs, Clovis devoit naturellement penser à suivre le projet qu'il avoit formé long-temps avant, avec l'empereur, d'attaquer Théodoric. Il pouvoit espérer un heureux succès, ayant déjà pour lui les peuples catholiques de l'Italie, les évêques et le pape même, qui ne pouvoient souffrir la domination des Ostrogots livrés à l'arianisme. En attendant qu'il pût exécuter un si grand projet, Clovis s'occupa de la discipline ecclésiastique de ses états, et fit plusieurs fondations pieuses. Comment accorder des actions si contradictoires? On le peut, en songeant que Clovis, nouvellement converti, n'avoit point les vertus de la religion qu'il professoit; et que, sans en connoître l'esprit, il s'en tenoit à la lettre, et croyoit être bon chrétien en fondant des églises et des abbayes.

Tranquille possesseur d'un empire qui s'étendoit depuis l'extrémité de la Guienne jusqu'à Fulde en Allemagne, Clovis voulut rétablir le bon ordre pour le spirituel, et réformer les mœurs. Il voulut que les lois ecclésiastiques fussent suivies, comme les lois civiles qu'il avoit établies; en conséquence, à la sollicitation de Saint Remi, évêque de Reims, et de Saint Mélaine, évêque de Rennes, il convoqua un concile à Orléans (1),

---

(1) Ce concile est le premier qui se soit tenu

pour l'année 511. C'est dans ce concile qu'on établit le droit de régale: c'est ainsi qu'on nomme ce droit unique, qui fait rentrer à chaque vacance les fruits de l'évêché dans la main du roi de France, et lui donne la nomination aux bénéfices qui en dépendent et qui n'ont point de charge d'âmes, jusqu'à ce que le nouveau pourvu lui ait prêté le serment de fidélité.

dans les Gaules sous la domination des Français.

CHAPITRE XIV.

Mort de Clovis. — Ce prince laisse quatre fils et une fille. — Partage de ses états. — Les fils de Clotilde avoient grand besoin de sa présence et de ses conseils. — Ces princes vivent d'abord en bonne intelligence. — Sainte Geneviève engage la reine Clotilde à faire achever l'église de Saint-Pierre et Saint-Paul. — Mort de cette sainte. — La reconnoissance des Parisiens survit à ses cendres. — L'église de Saint-Pierre et Saint-Paul est achevée. — Les fils de Clotilde cherchent à se surprendre mutuellement. — Guerre contre le roi des Bourguignons. — Sigismond fait mourir son fils; comment. — Il se retire à Saint-Maurice. — Fondation qu'il y fait. — Sigismond est battu par les fils de Clotilde. — Il est livré à Clodomir, qui le fait enfermer.

Le concile d'Orléans étant fini, Clovis revint dans sa capitale. A peine fut-il de retour, qu'il tomba malade, et mourut âgé de quarante-cinq ans; la cinquième année après la bataille de Vouillé, la trentième de son règne, et la dix-huitième après son mariage.

Clovis laissa quatre fils et une fille: il avoit eu Thierry l'aîné avant son mariage avec Clotilde; Clodomir, Childebert et Clotaire étoient fils de cette princesse; la fille de Clovis se nommoit Clotilde comme sa mère, elle fut mariée dans la suite à Amalaric ou Amaury, roi des Visigots en Espagne.

Les quatre fils de Clovis partagèrent ses états. Ils choisirent chacun une ville, dont ils furent proprement appelés rois. Thierry prit Metz pour sa capitale, et fut nommé roi de Metz; Clodomir, roi d'Orléans; Childebert, roi de Paris; et Clotaire, roi de Soissons.

Le royaume de Metz comprenoit

le Rouergue, l'Auvergne, l'Albigeois, le Languedoc, la Champagne, les trois Évêchés, le Luxembourg, l'Alsace, les électorats de Trèves, de Mayence, de Cologne et toute l'ancienne France au-delà du Rhin jusqu'à la Westphalie.

Le royaume de Paris s'étendoit le long de la mer, depuis la Picardie jusqu'auprès des Pyrénées. La Beauce, le Maine, l'Anjou, la Touraine, le Berry, composoient celui d'Orléans. Le royaume de Soissons, plus borné dans son étendue, étoit resserré entre la Champagne, l'île de France, la Normandie, la mer et l'Escaut. Ce dernier royaume n'étoit cependant pas le plus foible, parce qu'il comprenoit le pays où il y avoit le plus de Francs.

Les fils de Clotilde, dont l'aîné, Clodomir, n'avoit que seize ans, auroient eu grand besoin de la présence de la reine leur mère, pour modérer l'ardeur de leur jeunesse par sa douceur et son autorité, et leur inspirer l'amour de la vertu par ses instructions et par ses exemples; mais, fatiguée des grandeurs de la terre, Clotilde désira se retirer à Tours, près du tombeau de Saint Martin, pour y vivre en veuve chrétienne, et sanctifier les restes d'une vie toute pure par la contemplation et des exercices continuels de piété.

Les quatre princes furent quelque temps unis; la crainte qu'ils avoient l'un de l'autre les maintint réciproquement, car la liaison du sang n'entra pour rien dans cette bonne intelligence: elle est souvent nulle entre les souverains.

Sainte Geneviève vivoit encore à la mort de Clovis. Cette sainte engagea la reine Clotilde à faire achever l'église que son illustre époux avoit commencée. Cette pieuse princesse, regardant cet édifice non seulement comme un temple élevé en l'honneur des apôtres Saint Pierre et Saint Paul, mais encore comme étant destiné à contenir le corps du roi son mari, donna tous ses soins, tant à la construction qu'à l'embellissement de cette église.

Sainte Geneviève, ayant eu la satisfaction de voir cet édifice bien avancé et disposé à être achevé, rendit son âme pure à son Dieu; cette sainte mourut peu de temps après Clovis, le troisième jour de janvier l'an 512, dans la quatre-vingt-neuvième année de son âge.

Le corps de cette sainte fut placé au pied de celui de Clovis, dans l'église de S. Pierre et S. Paul. Les Parisiens, qui n'avoient point oublié les services qu'elle leur avoit rendus, crurent ne pouvoir mieux placer cette sainte fille qu'auprès du corps d'un prince qu'elle avoit forcé, pour ainsi dire, par son courage, sa persévérance et ses prières, d'abandonner les erreurs du paganisme; par cet acte de reconnoissance, les Parisiens acquittèrent en quelque sorte toutes les obligations qu'ils avoient à cette sainte, pour ses soins aussi généreux que charitables. Ils ne l'oublièrent pas après sa mort: ils devoient penser que celle qui les avoit secourus si souvent pendant sa vie, ne cesseroit d'intercéder après sa mort auprès de l'Etre Suprême, pour le bonheur du peuple français. Les Parisiens vinrent prier à son tombeau; ils l'invoquèrent comme une puissante protectrice, et reçurent toujours des marques sensibles de sa bonté (1).

_____

(1) Son cercueil en pierre fut d'abord couvert d'une cage en bois, par rapport à l'af-

VIE DE SAINTE CLOTILDE.

L'église de Saint-Pierre et de Saint-Paul fut achevée en 520. La reine Clotilde en fit faire la dédicace par Saint Remi, évêque de Reims, avec toute fluence du peuple; il resta en cet état dix-huit ans. L'auteur de sa Vie, qui l'écrivit à cette époque, avoit vu le tombeau de la sainte, et c'est ainsi qu'il en parle.

En 630, 120 ans après la mort de Sainte Geneviève, Saint Eloi, trésorier du roi Dagobert, ensuite évêque de Noyon, fit pour cette sainte une châsse en argent, enrichie de pierreries, dans laquelle on déposa ses reliques, pour les exposer à la vénération des fidèles.

L'an 857, pendant les incursions des Normands, lorsque l'église de Sainte Geneviève fut brûlée par ces Barbares, on transporta la châsse de la Sainte à Marisy-Sainte-Geneviève, auprès de la Ferté-Milon, dans une des terres de l'abbaye.

L'église de Sainte-Geneviève, que le temps a consacrée, pour ainsi dire, sous son invocation, quoique bâtie en l'honneur des apôtres Saint Pierre et Saint Paul, resta ainsi brûlée la pompe et avec toute la solennité que cette illustre et pieuse reine pouvoit souhaiter.

La reine avoit fait bâtir en même

jusqu'au temps du roi Robert. Ce pieux monarque la fit rétablir et couvrir, vers l'an 1000, 143 ans après qu'elle eut été brûlée. Etienne de Tournay, abbé de cette maison, en 1170, voyant que cette église, dont les murs avoient été calcinés, menaçoit ruine, entreprit de la reconstruire et de la voûter; mais le temps, qui détruit les monumens les plus durables, a fait disparoître celui-ci pour faire place à la nouvelle église, dont la noble architecture fera l'admiration des siècles à venir.

HYMNE

Pour la Fête de Sainte Geneviève, Patronne de Paris.

Qui conduit ces jeunes troupeaux
Sur les rivages de la Seine?
Quelle bergère les ramène
Au bercail des prochains hameaux?

temps une maison religieuse pour les prêtres et les autres ecclésiastiques

Germain (1) l'aperçoit et s'arrête.
Il lit ses vertus dans ses yeux ;
Il lit dans les décrets des cieux
Quel bonheur pour elle s'apprête.
Le pontife sacré l'a présente aux autels,
Et l'unit à son Dieu par des nœuds immortels.

Reçois ton épouse nouvelle,
Agneau sans tache, auguste époux ;
Elle t'offre un amour fidèle ;
C'est pour toi l'encens le plus doux.

Séjour des rois, cité maîtresse,
Quelle garde pour tes remparts !
Son sexe a perdu sa foiblesse ;
L'enfer et l'ennemi redoutent ses regards.

Le tyran des énergumènes (2)
Cède à sa voix qui le poursuit ;
Elle parle, il blasphème et fuit.
Il fuit, et ses menaces vaines.

(1) Évêque de Paris.
(2) Ceux qui sont possédés du démon.

qui devoient desservir cette église; elle avoit donné aussi les terres qui formoient leurs revenus.

    Tombent dans la brûlante nuit,
    Où lui-même il reprend ses chaines.

      Mais des glaces du Nord
      Quel monstre dans la France
      Apporte la vengeance,
      L'esclavage et la mort!
      Fléau du Ciel qui gronde
      Sur les tristes humains,
      Les châtimens du monde
      Sont remis dans ses mains.

Attila cependant, plein d'orgueil et de rage,
S'avance vers Paris, désole nos climats.
Son nom remplit d'effroi nos plus braves soldats;
La Bergère se montre, et leur rend le courage.

    Du Ciel qu'elle a fléchi pour eux
      La faveur se déclare :
    Sa croix (1), sa houlette et ses vœux
      Triomphent d'un barbare.

(1) La médaille que Saint Germain lui avoit donnée.

VIE DE SAINTE CLOTILDE.

Les fils de Clovis ne restèrent pas long-temps unis. Clotilde fut souvent obligée de sortir de sa retraite pour

---

Bienfaits trop peu connus ou trop peu révérés !
Quels nuages affreux sur ses jours vois-je éclore ?
L'envie ose ternir un éclat qu'elle abhorre.
Vierge innocente, vous pleurez.....
Oh ! douleur ingénue, et que le crime ignore !

 Eh ! qu'obtiendront ces cœurs jaloux
  Par l'imposture la plus noire ?
 Rendez plutôt grâce à leurs coups ;
  Il ne manquoit à votre gloire
 Que ces traits lancés contre vous.

Le succès des méchans leur est toujours funeste ;
La vertu les confond, les écrase à son tour.
Ame sainte, volez dans l'empire céleste
 De la concorde et de l'amour.

 Sur le tombeau d'une Bergère
  Implorons le divin Pasteur ;
Que ce dépôt sacré, qu'en nos murs on révère,
Fixe à jamais sur eux les regards du Seigneur ;
  Et qu'il détourne sa colère !
 Sur le tombeau d'une Bergère
  Implorons le divin Pasteur.

   Par Le Franc de Pompignan.

les exhorter à la paix, et les conserver dans leurs royaumes respectifs.

Il falloit de l'occupation à l'humeur guerrière des nouveaux rois; c'étoit le seul moyen de les empêcher de troubler le repos des peuples qui étoient sous leur domination. Cette raison sans doute empêcha Clotilde de s'opposer à la guerre que ces princes entreprirent contre le roi de Bourgogne.

Sigismond avoit succédé à Goudebaud, son père, roi des Bourguignons. Il refusoit de rendre les biens qui appartenoient à Clotilde; ce fut le prétexte de la guerre: la conduite barbare de ce prince envers son fils Sigéric la fit décider tout à coup.

Sigismond avoit épousé en premières noces la fille de Théodoric, roi d'Italie; il en avoit eu un fils, nommé Sigéric. Après la mort de cette princesse, Sigismond épousa une femme qui avoit servi la reine. L'âme fière de Sigéric se révolta contre cette union : il accabla sa belle-mère de dédains, et la nouvelle reine le traita en véritable marâtre, lui jura une haine éternelle, et chercha toutes les occasions de lui nuire auprès du roi Sigismond.

Un jour Sigéric vit sa belle-mère revêtue d'une robe fort riche qui avoit appartenu à la feue reine; il la reconnut : transporté de douleur de voir celle qu'il méprisoit parée des vêtemens d'une mère respectable et chérie, Sigéric reprocha durement à sa belle-mère qu'elle osoit porter la robe de celle dont elle avoit été la domestique. Cruellement blessée de ces paroles insultantes, la reine jura la perte de Sigéric. Pour hâter sa vengeance, elle irrita Sigismond contre son fils : « Votre fils, lui dit-elle, a dessein de vous faire mourir pour se rendre maître de vos états, et les joindre un jour à ceux que son grand-père possède en Italie. Il est si connu que vous êtes tendrement aimé de vos sujets, que Sigéric ne sauroit avoir formé le projet d'une usurpation, qu'il n'eût conçu en même temps le dessein d'un parricide. » La reine répéta si souvent ces calomnies, elle mit en œuvre tant d'artifices pour qu'il ajoutât foi à ses rapports, que Sigismond, aveuglé par la passion, commit lui-même un crime qui n'étoit pas moindre que celui dont il craignoit d'être la victime : le malheureux prince, tandis qu'il dormoit, fut étranglé par les ordres de son père. A peine Sigéric avoit rendu les derniers soupirs, que Sigismond se repentit de son crime : il se jeta sur le corps inanimé de son fils, et l'embrassant tendrement, il l'arrosa de ses larmes. Un vieux sénateur présent à cette scène, lui dit: « Père infortuné, cessez ces transports de douleur qui ne peuvent point rappeler votre fils sur la terre: ne pleurez pas Sigéric, il est mort innocent: c'est sur vous que vous devez pleurer. »

Quelques jours après, Sigismond se retira au monastère de Saint-Maurice, en Valais, pour faire pénitence de son crime. Il y fonda un service divin, célèbre par plusieurs chœurs de chantres, qui se relevoient les uns les autres, de manière qu'il ne cessoit jamais, parce qu'il se faisoit toujours quelque office dans l'église. A cette époque, il y avoit dans les Gaules plusieurs monastères, où le service divin étoit célébré sans discontinuation: le relâchement des ecclésiastiques a détruit cet usage depuis plusieurs siècles. Il paroissoit si beau au pape Sixte-Quint, qui avoit l'âme élevée et les sentimens pleins de grandeur, que, lorsqu'il mourut, il étoit prêt à faire une fondation pareille à celle de Sigismond.

Ce roi des Bourguignons étant resté quelque temps dans le monastère de Saint-Maurice, revint à Lyon; il donna en mariage une fille qui lui restoit de son premier hymen, à Thierry, fils aîné de Clovis. En conséquence de cette alliance, Thierry resta neutre dans la guerre que ses frères déclarèrent à Sigismond.

Les fils de Clotilde ayant présenté la bataille à Sigismond, ce prince fut battu. Désespérant de faire tête aux vainqueurs, il avoit dessein de se réfugier dans le monastère de Saint-Maurice, où, suivant ce qu'on peut conjecturer, il vouloit renoncer au monde. Pour exécuter cette résolution, ce roi coupa ses cheveux, et revêtu d'un habit de moine, il se retira seul dans un hameau situé sur une montagne inaccessible. Sigismond se tint caché dans cet asile, en attendant qu'il pût trouver une occasion favorable pour gagner le monastère de Saint-Maurice. Malheureusement pour lui ses propres sujets le trahirent : ils enseignèrent aux Francs le lieu où il étoit. Leur ayant été livré, on le fit prisonnier de guerre. Les Francs, ayant délibéré entre eux, convinrent de le donner en garde à Clodomir, qui avoit déjà en sa puissance la femme et les enfans de ce prince. En conséquence ils l'emmenèrent dans leur pays, habillé en religieux, comme il étoit lorsqu'ils le prirent, et l'enfermèrent à Orléans.

CHAPITRE XV.

Clodomir fait mourir Sigismond, sa femme et ses enfans. — Clodomir fait la guerre à Gondemar, et le défait. — Clodomir périt dans cette bataille. — Conquête de la Bourgogne par les Français. — Clotilde prend soin des fils de Clodomir. — Childebert et Clotaire forment le dessein de se défaire de leurs neveux. — Les jeunes princes viennent à Paris. — Clotaire tue de sa main Théodebert ou Thibaut, et Gontaire. — Le plus jeune leur échappe; nous l'honorons aujourd'hui sous le nom de Saint Cloud. — Clotilde se retire dans la ville de Tours. — Guerre civile entre Childebert et Clotaire. — Le dernier de ces princes, plus foible que son frère, se retranche dans un bois. — Il est près d'y être forcé par Childebert. — Secours miraculeux. — Mort de la reine Clotilde. — Elle est enterrée auprès de Clovis.

Cependant Gondemar, rentré dans la Bourgogne, venoit de reconquérir le royaume de son frère. A cette nouvelle, Clodomir fit mourir Sigismond, sa femme et ses enfans, et les fit jeter dans un puits; vengeance ordinaire dans ces temps barbares.

Après la mort du roi des Bourguignons, Clodomir, ligué avec Thierry, joignit Gondemar auprès de Veseronce, aux environs de Vienne, et le défit entièrement; mais Clodomir s'avança si loin en poursuivant les fuyards avec trop d'ardeur, qu'il se trouva seul au milieu des ennemis; ceux-ci, qui reconnurent à sa longue chevelure un des princes du sang royal, se mirent aussitôt la marque à laquelle les Francs devoient s'entre-reconnoître dans la mêlée (1), et crièrent à Clodomir : « Ralliez-vous à nous, nous sommes des vôtres. Ce

---

(1) On ne sait si cette marque étoit l'écharpe blanche qu'ils portèrent long-temps, ou du blanc qu'ils mirent ensuite à leurs chapeaux.

prince qui les crut, les joignit et fut enveloppé. Aussitôt les Bourguignons lui coupèrent la tête, et la placèrent au bout d'une lance. Malgré la perte de leur roi, loin de perdre courage, les Français, redoublant d'ardeur pour en tirer vengeance, chargèrent les Bourguignons avec fureur; les ayant défaits, ils pénétrèrent dans le pays, passèrent au fil de l'épée tout ce qui se présenta devant eux; vieillards, femmes, enfans, rien ne fut épargné ; enfin ils ne quittèrent la Bourgogne qu'après l'avoir entièrement désolée.

Ainsi périt, au milieu de la victoire, le jeune Clodomir. Quelques années après, les rois ses frères, et Théodebert son neveu, vengèrent sa mort par la conquête de la Bourgogne qu'ils partagèrent entre eux. Il y avoit cent vingt ans que ce royaume étoit fondé, lorsqu'il fut réuni à la monarchie française.

Le roi d'Orléans laissa trois enfans, Théodebert, Gontaire (1) et Clodoalde. Gontuca, sa veuve, épousa le roi Clotaire; ses fils trouvèrent une mère dans la reine Clotilde leur aïeule: cette princesse les prit avec elle et les éleva. Rien n'auroit manqué à leur bonheur, s'ils avoient eu des oncles moins cruels ou moins ambitieux.

Si Clotilde donna toute son application à élever ses petits-fils dans la piété; elle travailla aussi à leur assurer la succession de leur père; mais elle succomba sous les efforts que firent Clotaire, roi de Soissons, et Childebert, roi de Paris, pour enlever leur héritage. Ces deux princes, jaloux de l'affection que Clotilde témoignoit aux enfans de leur frère Clodomir, conspirèrent ensemble

---

(1) Autrement Théobald (Thibaud), Gontaire et Clodoaldus.

pour faire périr leurs neveux. Ils firent prier Clotilde de les leur envoyer, disant qu'ils vouloient les élever sur le trône de leur père, et les faire proclamer rois. Sans se douter de leurs desseins, Clotilde les leur envoya tous trois, disant qu'elle ne croiroit plus avoir perdu leur père, si elle les voyoit régner à sa place. Clotaire étoit venu à Paris pour les recevoir.

Ces innocentes victimes ne furent pas plutôt entre les mains de leurs oncles, qu'ils les enfermèrent séparément dans des chambres. Ensuite ils firent porter à Clotilde, par Arcadius, sénateur, une paire de ciseaux et une épée nue, pour lui donner le choix de la mort ou de la tonsure. Surprise, effrayée, Clotilde, emportée par sa douleur, s'écria inconsidérément : « qu'elle aimoit mieux voir ses petits-fils au tombeau qu'enfermés dans un cloître. » Ces paroles ne furent que trop fidèlement rapportées : Arcadius vint au plus vite dire aux deux rois : « Vous pouvez maintenant consommer votre ouvrage avec l'aveu de votre mère. » Aussitôt Clotaire saisit par le bras l'aîné, âgé de dix ans, et l'ayant jeté par terre, il le tua d'un coup d'épée dans la poitrine. Le jeune Gontaire, âgé de sept ans, embrassa les pieds de Childebert, et serrant entre ses bras les genoux de son oncle, il lui dit en pleurant : « Mon père, mon père, ayez pitié de moi ! et ne me laissez pas tuer comme mon frère !... » Childebert fut attendri véritablement ; et, ayant lui-même les larmes aux yeux, il dit à Clotaire : « Mon cher frère, au nom de Dieu, accordez-moi la vie de cet enfant, je consens à tout moyennant cela, mais ne le tuons pas. » A ces mots Clotaire sentit augmenter sa fureur : « Ecartez de vous cet enfant, dit-il à Childebert, ou je vais vous percer vous et lui d'un même coup : c'est vous qui avez lié la partie, et vous voulez la rompre quand elle est sur le point d'être gagnée. » Childebert, honteux de sa foiblesse, se dégagea des bras de l'enfant, il le poussa même du côté de Clotaire, comme pour lui dire: vous êtes le maître d'en user ainsi qu'il vous plaira. Alors Clotaire saisit ce jeune enfant, qui eut le même sort que son frère aîné. Par les ordres de ce prince, on fit mourir le gouverneur des fils de Clodomir, et la plupart de ceux qui étoient à la suite de ces princes infortunés. Clodoalde ou Cloud, le plus jeune des fils de Clodomir, échappa seul à ce massacre; les barons ou braves de son père prirent soin de le cacher, et dans la suite Clodoalde se consacra à Dieu dans un monastère : c'est lui qu'on invoque aujourd'hui sous le nom de Saint Cloud.

Après cette tragédie, Clotaire monta à cheval et sortit de la ville, se mettant peu en peine de l'effet qu'alloit produire le meurtre de ses neveux; Childebert se renferma dans un palais qu'il avoit aux portes de Paris. La reine Clotilde fit mettre dans un même cercueil le corps de ses deux petits-fils, et suivie d'un convoi nombreux, elle les conduisit elle-même à la basilique de Saint-Pierre, où ils furent inhumés. Après cette triste cérémonie, Clotilde se retira à Tours, où elle pleura amèrement la mort des jeunes princes. La reine se reprochoit les paroles qui leur avoient coûté la vie; mais pouvoit-elle croire Clotaire capable de tant de cruauté? Ne devoit-elle pas présumer que l'arme fatale lui tomberoit des mains à la vue du crime qu'il alloit commettre et des victimes qu'il vouloit immoler? Elle se trompa : le premier moment de la douleur ne lui permit pas de voir que l'ambition et le désir de régner ferment le cœur à tous sentimens humains, et portent souvent à commettre les plus grands forfaits.

Dans sa retraite, Clotilde se donna toute entière aux actions de charité et aux exercices de la pénitence; mais bien qu'elle vécût comme étant morte au monde, elle ne put être indifférente au salut des rois ses enfans. Clotilde pleuroit leurs péchés et les siens, et tâchoit de détourner la colère du ciel de dessus leurs têtes. Cette vertueuse reine apprenoit avec douleur que leurs déréglemens étoient au comble; les scènes tragiques qu'ils produisoient venoient troubler la paix de sa solitude, et lui faisoient redoubler ses prières et ses larmes.

VIE DE SAINTE CLOTILDE.   181

L'animosité alla si loin entre Childebert et Clotaire, que leurs armées furent sur le point de se battre dans le pays de Caux. Childebert uni à Théodebert, son neveu, étoit plus en force que Clotaire. Celui-ci se sauva dans la forêt, nommée depuis la forêt Bretonne; là, s'étant barricadé avec de grands arbres, dont il s'étoit servi pour fermer toutes les avenues, il résolut d'y périr, si l'on entreprenoit de l'y forcer.

Cependant le danger éminent où se trouvoit Clotaire, le fit souvenir de ce Dieu qu'il avoit si grièvement offensé par ses crimes; il ne désespéra pas de sa bonté, l'invoqua, et mit toute sa confiance en sa miséricorde. Clotilde ayant appris l'extrémité où il se trouvoit réduit, alla se prosterner sur le tombeau de Saint Martin, et y passa toute la nuit en prières, conjurant le Seigneur avec larmes de toucher le cœur de ses enfans.

Pendant que cette mère désolée étoit au pied des autels, Childebert et Théodebert vinrent assiéger Clotaire dans le bois où il s'étoit réfugié, et formèrent le dessein de l'y faire périr; mais au moment même où l'action alloit commencer, il s'éleva une tempête affreuse qui abattit leurs tentes et renversa tous leurs bagages: le bruit du tonnerre, la violence des éclairs, une pluie mêlée de grêle et de *pierres* (1) portèrent la consternation dans tous les cœurs.

Effrayés de ce prodige, Childebert et Théodebert, craignant que Dieu pour les punir, ne fit tomber le feu du ciel sur leur camp, envoyèrent demander la paix à Clotaire, dont la tempête avoit respecté le quartier. Ce miracle, suivi de la paix et de la réunion des deux frères, fut l'effet du

---

(1) Au rapport de Grégoire de Tours,

crédit de Saint Martin auprès de Dieu, et des prières de Clotilde.

Clotilde survécut peu à cet événement. Cette pieuse princesse étoit un modèle de piété, de douceur et de zèle. Sa patience et ses rares vertus triomphèrent de Clovis, le plus impétueux des hommes; et Clotilde, aidée de Sainte-Geneviève et de Saint Remi, rendit la France chrétienne.

La reine Clotilde mourut à Tours, âgée de soixante-dix ans. Cette sainte reine fut regrettée de tous les Français; le clergé surtout la pleura comme sa protectrice. Son corps fut apporté à Paris, où ses fils, Childebert et Clotaire, lui firent de magnifiques funérailles.

Clotilde fut enterrée auprès de Clovis son mari, dans l'église des apôtres Saint-Pierre et Saint-Paul, nommée depuis Sainte-Geneviève, que ce prince avoit commencée, et qu'elle avoit achevée et enrichie. On assure que Dieu honora son tombeau de plusieurs miracles qui furent cause qu'on leva son corps de terre pour l'exposer à la vénération des fidèles. Il a été renfermé dans une châsse d'argent qui se porte aux processions avec celle de Sainte Geneviève (1).

HYMNE

Pour la Fête de Sainte Clotilde, reine de France.

Répandons des fleurs nouvelles
Sur nos autels parfumés ;
Que les cieux soient allumés
Par les vives étincelles
Des feux dans l'air consumés.

C'est la fête de notre reine,
C'est le salut de nos aïeux.
Notre première souveraine
Occupe un trône dans les cieux
C'est la fête de notre reine.

---

(1) On fête Sainte Clotilde le troisième jour de juin.

Que ce trône a coûté de pleurs!
Faut-il qu'un époux qu'elle adore,
Qu'un époux qui répond à ses chastes ardeurs,
Blasphème le Dieu qu'elle implore!
Non, d'une erreur funeste il rompra le lien.
Le fondateur de cet empire
Devoit être un héros chrétien;
Il l'est: sa résistance expire.
Reine auguste, vos vœux seront enfin remplis,
Et le Dieu de Clotilde est le Dieu de Clovis.

Source à jamais durable
Des plus heureux exploits;
Triomphe mémorable
Qui soumet à la fois
Nos rois au Dieu suprême, et la France à nos rois.

Légitime assurance,
Fondement solennel
De la double puissance,
Dont l'accord immortel
Ne connait parmi nous qu'un trône et qu'un autel.

Heureux Clovis, tu possèdes
Et Clotilde et la Foi.

Quel triomphe, quand tu cèdes
A la divine loi!
Heureux Clovis, tu possèdes
Et Clotilde et la Foi.

Quelle épouse! quelle âme pure!
Les dons du ciel unis aux dons de la nature
Ont formé son cœur et ses traits.
En vain l'humble flatteur lui vante ses attraits;
Et le charme si doux des grandeurs souveraines;
Elle sait trop le prix des vanités humaines.
Du monde sous ses pieds le faste est abattu,
La religion, la vertu,
Font la gloire des rois et la beauté des reines.

    Les cœurs et les vœux
    Autour d'elles volent.
    Ses soins généreux,
    Ses regards consolent
    Tous les malheureux.
    Sa cour est un temple
    Aux pauvres ouvert:
    Sa vie un exemple
    Aux princes offert.
    L'univers l'admire,
    Le Ciel la désire,
    La France la perd.

Non, ce n'est point la perdre; elle veille, elle prie
Pour l'Empire français, sa première patrie.
O Reine, jouissez d'un éternel honneur!
Vos sujets, votre époux, sous le joug du Seigneur
    Par vos soins ont courbé leur tête.
    Quelle plus illustre conquête!
Votre gloire a fait leur bonheur.
        Par LE FRANC DE POMPIGNAN.

PRÉCIS

MÊLÉ D'ANECDOTES,

CONCERNANT

Les Mœurs et Coutumes des premiers siècles de la Monarchie française.

PRÉCIS
MÊLÉ D'ANECDOTES,
CONCERNANT
Les Mœurs et Coutumes des premiers siècles de la Monarchie française.

Les Francs.

Quand, vers le milieu du troisième siècle, l'histoire commença à parler des Francs, ou Français, elle distingua les Saliens, les Attuaires, les Ampsivares, les Chamaves, les Bructères et les Cattes, nations de la Germanie, qui se liguèrent ensemble pour la défense de leur liberté. Ce motif les unit si étroitement, qu'ils ne firent bientôt plus qu'un peuple, sous le nom de Francs. Ce nom étoit le symbole de la cause pour laquelle ils combattoient; *Francs*, en tudesque, signifioit *libres*. On ne tarda pas à appeler *France* le pays qu'ils habitoient entre la Saxe et l'Allemagne, c'est-à-dire la Souabe. « Entre les Saxons et les Allemands, » dit Saint Jérôme, est située une na- » tion qui a moins d'étendue que de » force: on nommoit ce pays *Ger-* » *manie*, on l'appelle aujourd'hui » *France*. »

La bravoure et la noblesse des sen- timens faisoient le fonds du caractère des Francs. Les Romains les accu- soient d'être menteurs et perfides, parce qu'ils les trouvoient toujours prêts à reprendre les armes pour les intérêts d'une liberté que Rome vou- loit opprimer, et que les Francs dé- fendoient au péril de leur vie. Cepen- dant les Romains eux-mêmes rendoient justice au respect infini que ces fiers ennemis avoient pour les droits de l'hospitalité; et les Grecs avoient ce proverbe: « Ayez le Français pour ami; ne l'ayez pas pour voisin. » Tous les reproches odieux cessèrent avec la nécessité de trouver les moyens propres à former un établissement solide, et l'on donna le nom de *franchise* à un caractère ouvert, plein de droiture et de sincérité.

Les Francs, ces pères des Français, suivant le portrait que nous en a laissé Sidonius Apollinaris, évêque d'Auvergne (1), mort en 489, avoient

---

(1) Caius Sidonius Apollinaris fut évêque d'Auvergne, et mourut en 489. Il passoit pour le plus bel esprit qu'il y eût de son temps dans les Gaules. Sorti d'une famille illustre d'Auvergne, il épousa la fille de l'empereur Avitus, qui l'éleva aux premières dignités. Quoiqu'il fût laïque et marié, l'église d'Auvergne ne laissa pas de le choisir pour évêque. Il gou-

la taille haute, la peau fort blanche et les yeux bleus ; ils se rasoient la barbe, et ne conservoient que deux petites moustaches sur la lèvre supérieure. La chevelure de ces peuples étoit blonde et fort courte sur le derrière de la tête. Les princes avoient des cheveux longs, partagés sur le front, et les laissoient tomber avec grâce sur leurs épaules ; ils les arrangeoient et les peignoient avec soin, bien différens en cela des Gots et autres Barbares qui les tenoient fort négligés, ou tressés en petites nattes. Les princes des Francs, non seulement soignoient leurs cheveux, mais ils les frisoient par boucles. Cette longue chevelure étoit, parmi ceux de cette nation, la marque

verna cette église avec tant de prudence, que sa mémoire fut long-temps chère à cette province, et que, même encore aujourd'hui, elle est en grande vénération.

à laquelle on reconnoissoit les princes de la maison royale : les sujets portoient des cheveux coupés en rond. Les Francs avoient des habits courts et serrés, qui laissoient voir la forme de leur corps. Ils employoient leur première jeunesse à l'exercice des armes qu'ils manioient avec beaucoup d'adresse ; et toujours ils atteignoient le but proposé. Leur légèreté à la course passe toute expression, puisqu'ils arrivoient au but avec le javelot qu'ils avoient lancé. C'est sans doute une hyperbole, mais qui prouve qu'un exercice continu les faisoit exceller à la course ; nous avons des exemples de cette extraordinaire vélocité ; les Lapons atteignent un lièvre en courant ; les Sauvages, qui ne vivent que du produit de leur chasse, ne sont ni moins légers ni moins exercés que les anciens Francs. Apollinaris dit encore, en parlant de ce peuple : « Quelque considérable qu'ait été le nombre des ennemis des Francs, ou le désavantage du champ de bataille, on ne les a jamais vu trembler. La mort les abat et non la peur. Ils peuvent perdre la vie, jamais ils ne perdent le courage.

On peut ajouter à ce tableau la lettre que Sidonius ou Sidoine écrivit à son ami.

Victorius, ami de Sidoine Apollinaire, gouvernoit l'Auvergne et six autres diocèses. Ce préfet maria sa fille avec Sigimer, de la race royale des Ostrogots. C'est au sujet de ce mariage que Sidoine ou Sidonius écrivit à son ami Domititius la lettre suivante.

Sidonius à Domititius (1).

« De quel plaisir n'auriez-vous pas

---

(1) Sidoine Apollinaire étoit évêque de Clermont en Auvergne.

» joui, vous qui aimez le bruit des
» armes et l'appareil militaire, si
» vous eussiez vu le jeune époux,
» Sigimer (1), de race royale, habillé
» et décoré selon l'usage de son pays,
» marcher vers le prétoire de son
» beau-père où toute la noce s'est
» rendue? Son cheval étoit couvert
» d'un magnifique caparaçon; un
» grand nombre de chevaux de main,
» et sur lesquels brilloient des pierres
» précieuses, précédoient et suivoient
» ce superbe cheval. Ce qu'il y avoit
» de plus remarquable, c'étoit la ri-
» chesse et la magnificence du jeune
» époux; il étoit à pied, précédé et
» suivi d'un nombre de seigneurs du
» sang royal de sa nation, au nom-
» bre desquels on voyoit plusieurs
» de ses frères. Il se faisoit remarquer
» tant par ses habits de pourpre bro-

---

(1) Ostrogot, selon toute apparence.

17*

» dés d'or et d'argent, que par son
» air et sa bonne mine; un teint blanc
» et vermeil, mêlé d'un feu vif et
» éclatant, et une longue chevelure
» blonde qui flottoit sur ses épaules,
» répondoient parfaitement au bril-
» lant et à la diversité de ses vêtemens.
» Tous les autres seigneurs, habillés
» plus cavalièrement, avoient un air
» guerrier et je ne sais quoi de terri-
» ble, qui relevoit encore une fête si
» pacifique; leurs habits, auxquels
» la variété des couleurs donnoit
» beaucoup de lustre et d'éclat,
» étoient serrés et entièrement ajustés
» à la forme du corps, ils ne descen-
» doient pas au dessous du genou;
» le reste de la jambe étoit nu, et
» leurs brodequins liés au dessus du
» talon; leurs manches ne couvroient
» que le haut du bras, leurs saies
» étoient vertes et rayées de grandes
» bandes de pourpre, et leurs four-

» rures, à la mode des peuples du
» Rhin, étoient ceintes par de larges
» baudriers qui pendoient de dessus
» les épaules et soutenoient leurs
» épées. Ils tenoient de la main droite
» leurs haches et leurs lances, et
» portoient de la gauche leurs bou-
» cliers, dont l'éclat et la richesse
» montroient autant leur qualité que
» leur humeur guerrière; en un mot,
» toute cette marche étoit égale-
» ment digne de Mars et de Vénus.
» Mais qu'ajouterai-je? Il n'y man-
» quoit que votre présence. Lorsque
» j'ai vu un cortége et un spectacle
» si dignes de vous, je vous ai désiré
» avec la plus grande impatience. »

Les Francs mettoient toute leur ambition à se fixer dans les Gaules. Dès l'année 287, ils y avoient un établissement que l'empereur Julien confirma en 358; mais il ne devint stable que vers l'an 438. Les efforts des premiers rois, Pharamond, Clodion, Mérovée et Childéric, n'avoient pas eu des succès assez rapides, ni assez constans pour affermir une domination, que les Gaulois et les Romains redoutoient également. Cette gloire étoit réservée à Clovis, qui, n'étant âgé que de vingt ans, établit à Soissons le siége de la monarchie française, après avoir vaincu et fait décapiter Siagrius, général des Romains et gouverneur des Gaules. Clovis étoit fils de Childéric, et petit-fils de Mérovée; ce qui a fait donner aux rois de la première race le nom de *Mérovingiens*.

Religion des Francs.

Toute la religion des Francs consistoit d'abord à consacrer des fontaines et des forêts à Mars, à Hercule, à Mercure. Dans la suite ils eurent des idoles, parmi lesquelles la tête d'un bœuf tenoit le premier rang. Leurs Dieux se multiplièrent; mais le nombre n'en fut pas bien considérable; et, quoiqu'ils tinssent assez long-temps à des pratiques superstitieuses, on peut dire que leur attachement pour l'idolâtrie n'étoit rien moins qu'opiniâtre.

Loi Salique.

Les Francs ne furent pas plutôt établis dans les Gaules, qu'ils pensèrent à se civiliser; ils choisirent quatre des plus prudens et des plus sages d'entre eux pour rédiger par écrit leurs lois et leurs usages.

On attribue communément à Pharamond l'institution de la fameuse loi qui fut appelée *Salique*, ou du surnom de ce prince qui la publia, ou du nom de Salogast qui la proposa, ou de *Salichama*, lieu où s'assemblèrent les principaux de la nation pour la rédiger. D'autres veulent qu'elle ait été ainsi nommée, parce qu'elle fut faite pour les terres Saliques. C'étoient des fiefs nobles, que nos premiers rois donnèrent aux *Saliens*, c'est-à-dire aux grands seigneurs de leur salle ou cour, à condition du service militaire, sans aucune autre servitude. C'est pour cette raison qu'il fut ordonné qu'elles ne passeroient point aux femmes, que la délicatesse de leur sexe dispense de porter les armes.

Le préjugé vulgaire est que cette loi ne regarde que la succession à la couronne ou aux terres Saliques; c'est une erreur. Elle fut instituée comme règle de police pour les mœurs, le gouvernement, l'ordre des procédures, enfin pour le maintien de la paix et de la concorde entre les différens membres de l'état. De soixante et onze articles dont cette loi est composée, il n'y en a qu'un seul qui ait rapport aux successions. Voici ce qu'il porte : *Dans la terre Salique, aucune partie de l'héritage ne doit venir aux femelles; il appartient tout entier aux mâles....*

Sous Philippe de Valois, on déclara que l'article qui régloit le droit des particuliers aux *Terres Saliques*, regardoit également la succession à la couronne. Cet article devint une loi fondamentale de l'état.

Les Francs, après avoir reçu le Christianisme.

Bientôt le christianisme adoucit les mœurs des Francs et leur fit mériter de la part de l'historien Agathias un éloge d'autant moins suspect, que les Grecs craignoient fort un peuple belliqueux et devenu redoutable par le nombre de ses conquêtes : « Les Français, dit cet historien, ne sont pas errans çà et là comme la plupart des Barbares; ils suivent la police et les lois romaines, ainsi que le culte du vrai Dieu ; car ils sont tous chrétiens. Ils ont des évêques et des magistrats dans les villes, et ils observent comme nous les jours de fêtes ; en un mot, pour des Barbares, ils me paroissent avoir beaucoup de politesse ; il n'y a que leur langage et leur manière de s'habiller qui se ressentent de la barbarie. Pour moi, entre plusieurs qualités dont ils sont doués, j'admire surtout la justice et la concorde qui règnent entre eux. »

Armes des Francs.

Les Francs n'avoient d'abord pour armes qu'un arc et des flèches. Après leur établissement dans les Gaules, ils prirent le bouclier, l'épée, l'angon, espèce de petit dard armé d'un fer à deux crochets recourbés, et la hache à deux tranchans, qu'ils nommoient *francisque.*

Les Francs comptoient par nuits.

Parmi les Francs et les Gaulois, on ne comptoit point par jours, mais par nuits. On lit au titre 49 de la loi Salique : « Si quelqu'un a perdu son esclave, son cheval ou son bœuf, il a quarante nuits de terme pour s'en ressaisir. »

Peines désignées par la loi Salique.

Cette loi tendoit surtout à réprimer les vols, le meurtre, toute espèce de violence; elle ne décernoit point d'autre peine, qu'une amende pécuniaire, même contre le rapt et l'assassinat. On ne punissoit de mort que les crimes d'état : pour le meurtre d'un Français, l'amende étoit double de celle d'un Romain ou d'un Gaulois. Appeler un homme *renard* ou *lièvre*, c'étoit encourir la peine portée contre les paroles injurieuses. Les amendes pécuniaires n'ayant point suffi pour réprimer la licence, on y ajouta des peines ignominieuses. Un Français, atteint de quelque crime, étoit condamné à aller nu en chemise, d'une distance à une autre, en portant un chien, et quelquefois une selle de cheval. C'est de là qu'est venue la coutume de faire amende honorable en chemise.

Terres Saliques, bénéfices militaires.

Les Français appeloient *Terres Saliques* celles dont ils s'étoient emparés par le droit de conquête, et elles étoient héréditaires pour les mâles seulement. Ils appeloient *bénéfices militaires* les terres qu'ils tenoient de la libéralité du prince, et elles ne leur étoient données qu'à vie. Telle est l'origine du nom de *bénéfice*, attribué aux biens ecclésiastiques.

Avantages de la loi Salique.

Par cette loi, les Gaulois qui l'avoient adoptée (1), jouissoient en toute liberté de leurs possessions; ils étoient employés à la guerre, et pouvoient prétendre aux distinctions honorables: « La constitution du royaume de France, dit un auteur (Matharet) est si bonne, qu'elle n'a jamais exclu, et n'exclura jamais les citoyens nés dans les plus bas étages, des dignités les plus relevées. »

Les Français achetoient leurs femmes.

Les Français ne recevoient point de dot de leurs femmes; c'étoient eux, au contraire, qui les dotoient. Selon la loi Salique, on les achetoit, pour ainsi dire, en présentant un sou et un

---

(1) Les Français étoient jugés sur la loi Salique, et les Gaulois sur le droit romain,

denier aux parens de la fille qu'on vouloit épouser; si c'étoit une veuve, on donnoit trois sous et un denier aux plus proches parens de la veuve du côté de ses sœurs. Les rois même ne payoient pas une somme plus considérable: les ambassadeurs de Clovis épousèrent, au nom de leur maître, Clotilde, fille de Chilpéric, roi des Bourguignons, en donnant un sou et un denier. La pièce de mariage qu'on donne aujourd'hui est un reste de cet ancien usage: c'est le sou d'or des Francs.

Présens de Mariage.

Le lendemain des noces, le mari faisoit à son épouse un présent proportionné au rang et aux biens qu'elle possédoit. C'est ce qu'on nommoit *morgageniba*, ou *présent du matin*. La femme possédoit en propre ce qu'elle recevoit par ce présent: ainsi

plusieurs reines de France avoient des villes où elles levoient des impôts en leur nom; Hildegarde, veuve de Valeran, comte du Vexin, donne à l'abbaye de Saint-Pierre-en-Vallée « un alleu qu'elle a reçu, en se ma-
» riant, de son seigneur, suivant l'u-
» sage de la loi Salique, qui oblige
» les maris de doter leurs femmes. »

Divorce.

La loi Salique permettoit aussi le divorce. Nous allons donner le modèle d'un acte de divorce du septième siècle : « Les époux, tel et telle, voyant
» que la discorde trouble leur ma-
» riage et que la charité n'y règne
» pas, sont convenus de se séparer,
» et de se laisser l'un à l'autre la li-
» berté, ou de se retirer dans un mo-
» nastère, ou de se marier, sans que
» l'une des parties puisse le trouver
» mauvais et s'y opposer, sous peine
» d'une livre d'or d'amende. »

Répudiation.

Non seulement les Français pouvoient répudier leurs femmes, il leur étoit même permis de renoncer à leur famille, et de répudier, pour ainsi dire, leurs parens. Il suffisoit, pour cela, de se présenter devant le juge dans une audience publique, de rompre sur sa tête quatre bâtons d'aune et d'en jeter les fragmens à terre. Du moment qu'un Français remplissoit ces conditions, il étoit censé sortir de sa famille; ses parens ne pouvoient plus hériter de lui, et lui même ne pouvoit plus hériter d'eux.

Cérémonie bizarre pour s'exempter de l'amende.

En 595, Chilbebert II, roi d'Austrasie, dans un règlement donné à Cologne, imposa la peine de mort pour l'homicide, et abrogea l'usage de payer l'amende portée par la loi

Salique, que l'expérience prouvoit être insuffisante pour réprimer les emportemens d'une nation guerrière, délicate à l'excès sur le point d'honneur. D'ailleurs, celui qui n'étoit pas assez riche pour payer l'amende, trouvoit dans la loi même une ressource qui lui assuroit une sorte d'impunité. Il en étoit quitte pour renoncer à ses biens, en se soumettant à une cérémonie bizarre : il assembloit sa famille, ramassoit de la terre des quatre coins de sa maison, et se tenant debout à la porte, il la jetoit sur son plus proche parent. Ensuite, étant en chemise, pieds nus, et tenant un bâton à la main, il alloit sauter par dessus une haie. Le parent sur qui la terre avoit été jetée se trouvoit chargé de payer l'amende, à moins qu'il ne fît à son tour la même cérémonie. Cette coutume se nommoit *Chrene-Chrunda* ou *Chrene-Chruda*.

Habillement, en 568, sous Chilpéric I.

Ce roi, le plus parfait qui jusqu'à lors eût régné sur les Français, ayant été assassiné à Vitry, près de Tournai, fut enterré dans l'église de Saint-Médard à Soissons, où l'on voit encore sa statue; il porte un habit long, selon l'usage de ces temps-là, pour les rois et les personnes de distinction, qui ne portoient l'habit court qu'à la campagne et à l'armée. L'habillement des femmes étoit très-modeste, et de la plus grande simplicité. Leurs robes étoient armoriées, à droite, de l'écu de leur mari, et à gauche, de celui de leur famille, c'est-à-dire, de la marque distinctive qu'on adoptoit alors; car on fixe assez communément l'époque des armoiries au quatorzième siècle, dans le temps des croisades.

Serment des Français.

En 566, l'usage des Français étoit, lorsqu'ils s'engageoient avec serment, d'agiter et de secouer une épée nue. C'est ainsi que les ambassadeurs de Chilpéric I, roi de Soissons, jurèrent à Athanagilde, roi des Visigots, que sa fille, la princesse Galsuinde, auroit seule le nom et le rang de reine, s'il l'accordoit aux demandes de leur maître.

Spectacles, sous Clotaire II.

De tous les spectacles que les Romains avoient apportés dans les Gaules, les Français ne conservèrent que les combats d'animaux; et leur ardeur guerrière borna long-temps tous leurs amusemens aux joûtes, aux tournois, aux assauts à outrance. Vers l'an 600, les pantomimes commencèrent à joindre leurs jeux à ces premiers spectacles.

Dans le huitième siècle, sous Charlemagne, les pantomimes furent les premiers comédiens parmi les Français, comme ils l'avoient été chez les Grecs et les Romains. Ils amusoient le peuple par des postures et des chansons qui prouvoient toute la grossièreté du siècle où ils avoient commencé leurs jeux. Le roi, voulant corriger cet abus qui alloit jusqu'à la licence, déclara les histrions, mimes ou farceurs « incapables d'être admis » en témoignage contre les personnes » d'une condition libre. » Cette peine infamante fit tomber les pantomimes; ils furent remplacés par les troubadours, les jongleurs et les ménestrels ou ménétriers, qui formoient un spectacle mêlé de poésie, de danses, de chants et d'instrumens : ces derniers cessèrent d'attirer l'attention du public, vers la fin du treizième siècle, où l'on vit éclore les représentations, connues sous le nom de mystères.

Charges du palais.

Sous les rois de la première race, la charge de maire du palais répondoit à celle de grand-maître de la maison du roi. On appela d'abord celui qui en étoit revêtu major-dome, de *major-domus*, et ses fonctions étoient renfermées dans l'intérieur du palais, dont il avoit la surintendance. Les rois de la seconde race surent donner ensuite des bornes très-étroites à une charge qui leur avoit servi de degré pour monter sur le trône.

Le comte du palais avoit la seconde charge civile ; lorsque le roi ne rendoit pas la justice par lui-même, le comte la rendoit au nom du prince :

son office étoit de juger toutes les causes dont il y avoit appel : il falloit avoir son agrément pour parler au roi de quelque affaire civile.

Le référendaire signoit les chartres royales, et gardoit ordinairement le sceau du roi. On trouve, même sous la première race, des gardes du sceau qui n'étoient pas référendaires. Cette troisième charge de la cour a été réunie à celle de chancelier avec celle de comte du palais.

Le chancelier, appelé aussi secrétaire, n'étoit d'abord chargé que de rédiger par écrit les ordres du roi; on le nommoit grand chancelier ou archichancelier, pour le distinguer des secrétaires qu'il avoit sous lui et auxquels on donnoit aussi le nom de chanceliers.

Le chambellan, ou camérier, aidoit la reine à régler la dépense du palais, à en faire le détail et à en entendre les comptes. Le roi administroit les affaires du royaume, et la reine celles de la maison du roi. Les gratifications accordées aux gens de guerre étoient même de son ressort. Le connétable étoit chargé des écuries du roi; on le nommoit *comes stabuli*, comte ou surintendant de l'étable.

Le sénéchal faisoit toutes les provisions pour la bouche du roi, excepté celle du vin qui regardoit le boutillier. Sénéchal, en tudesque, signifie qui a soin des troupeaux.

Le maréchal avoit soin des chevaux, selon la signification propre de ce nom tudesque.

Le mansionnaire distribuoit les appartemens à la cour; il étoit ce qu'on nomme aujourd'hui le maréchal de logis.

Il y avoit un fauconnier, quatre

veneurs et plusieurs conseillers du roi clercs et laïques.

Tels étoient les principaux officiers des rois de France, dans le sixième siècle. On a laissé subsister les noms de ces charges, en leur attribuant dans la suite des fonctions plus nobles et plus relevées.

Les Ducs.

Sous les rois de la première race, les armées n'étoient composées que d'infanterie ; tous les Français devoient servir en personne. Chaque province avoit sa milice particulière, et les chefs, nommés *duces*, d'où est venu le nom de *duc*, conduisoient eux-mêmes le nombre de soldats Gaulois qu'ils étoient obligés de fournir, suivant les ordres qu'on leur donnoit.

Proclamation des premiers rois de France.

Dans les premiers temps de la monarchie, on proclamoit le roi, en élevant le prince sur un pavois ou bouclier, aux acclamations de l'assemblée. Dans la suite on ajouta, et on substitua la cérémonie de placer le nouveau monarque sur un trône sans dossier, pour faire entendre qu'un roi doit se soutenir par lui-même.

Origine du nom de PALAIS, *donné au lieu où l'on rend la justice.*

Les rois de France, sous la première race, rendoient souvent la justice eux-mêmes, et toujours à la porte de leur palais, d'où est venu le nom de *Palais*, affecté aux lieux où les magistrats s'assemblent pour l'administration de la justice.

Sous Charlemagne, les gentilshommes ne savoient pas écrire.

Il existe encore en France une infinité d'actes authentiques, et même bien postérieurs au siècle de Charlemagne, dans lesquels on trouve ces mots qui semblent avoir été une formule usitée pour les nobles: « Et le » dit seigneur..... a déclaré ne sa- » voir écrire, attendu sa qualité de » gentilhomme. »

Rois des Français.

A l'exemple des rois de la première race, ceux de la seconde ne prirent, pour la plupart, que le nom de rois des Français, *Reges Francorum*, ou rois des Gaules, *Reges Galliarum*; le titre de rois de France n'auroit pas répondu à l'étendue de leur domination, puisque la France, proprement dite, ne comprenoit que le pays renfermé entre l'Oise, la Marne et la Seine qu'on nomme encore aujourd'hui l'Ile de France.

Roi très-chrétien.

Pépin reçut, en 755, du pape Étienne II, le titre de *roi très-chrétien*; mais ses descendans ne le portèrent point; il ne devint une qualification propre des rois de France, qu'en 1469, sous Louis XI. Le concile de Savonnières donna ce titre à Charles le Chauve, en 859. Il paroît que Clovis le porta après son baptême; parce que se trouvant seul roi catholique, les peuples aimoient à lui donner ce nom, qui présageoit ce qu'il devoit être un jour aux rois de France.

Superstitions.

Avant de s'occuper du soin de faire refleurir les sciences dans les Gaules, Charlemagne seconda le zèle des évêques pour abolir les superstitions qui s'étoient introduites avec l'ignorance, et dont le détail seroit presqu'inutil. Il suffira d'en donner ici une légère idée.

La coutume de consulter les devins et les sorciers étoit presque générale; on observoit les augures et les éternuemens, on évitoit de se mettre en chemin certains jours de la lune & de la semaine. Le jeudi étoit tellement consacré, qu'on le *chômoit* (fêtoit) en plusieurs lieux; on faisoit des enchantemens sur des herbes; on se pendoit au cou des amulettes; on allumoit des bougies devant des arbres, des pierres, des fontaines, et l'on y attachoit des bandelettes, pour obtenir la guérison des maladies; le premier jour de l'an, on se déguisoit sous la figure de divers animaux, surtout du cerf et de la vache; on n'osoit rien prêter à son voisin ce jour-là, pas même lui donner du feu; chacun paroît noit à sa porte, des tables chargées de viandes pour les passans, et l'on y plaçoit des présens superstitieux, ce que l'église défendoit souvent sous le nom d'*étrennes diaboliques*. Pendant les éclipses de lune, on croyoit que cet astre étoit aux prises avec un dragon; on crioit : *vince, luna !* lune, soyez victorieuse! et l'on faisoit grand bruit pour épouvanter le dragon.

Établissement de l'université.

Dans le septième siècle, sous Charlemagne, on établit des églises cathédrales, et dans les monastères des écoles publiques, où l'on devoit apprendre aux enfans la grammaire, l'arithmétique et le chant de l'église. On y donnoit aussi des leçons de théologie aux ecclésiastiques. Une académie, composée de tout ce qu'on put trouver de savans et de beaux esprits, s'assembloit dans le palais : chacun des membres prenoit un nom particulier; Charlemagne prit celui de David. Il se faisoit honneur d'assister aux séances, dont l'objet principal étoit de faire fleurir et aimer les lettres dans toute l'étendue du royaume. C'est à cette époque, où l'on place l'établissement de l'université de Paris, qu'il faut fixer la renaissance des lettres en France, ou plutôt dans les Gaules.

Enfans consacrés à Dieu.

Au septième siècle, il étoit d'usage de consacrer des enfans à Dieu dès leur bas-âge; les chapitres des églises cathédrales et les monastères en étoient surchargés. Cette sorte d'engagement que les parens prenoient pour eux, étoit irrévocable; et ce ne fut que dans le huitième siècle, qu'on leur permit de sortir des monastères et de se marier. Quand on offroit un enfant pour être moine ou chanoine, on lui faisoit une couronne, et on le présentoit au prêtre après l'évangile, portant le pain et le vin pour le sacrifice. Le prêtre recevoit l'offrande ; aussitôt les parens prenoient la main de l'enfant, l'enveloppoient avec la nappe de l'autel, et promettoient que ni par eux, ni par d'autres personnes, ils ne le porteroient jamais à quitter l'ordre où il entroit. Ensuite ils mettoient sur l'autel un écrit qui contenoit cette promesse, avec les legs qu'ils faisoient au monastère, en faveur de l'enfant qu'on y recevoit.

Anecdote du règne de Louis XIII.

Nous croyons devoir rapporter cette anecdote, qui prouvera que dans le seizième siècle, où les lumières commençoient à se répandre, les esprits étoient encore imbus d'une foule d'idées superstitieuses.

En 1615, Louis XIII épousa l'infante *Anne d'Autriche*. Ce mariage avoit souffert de grandes difficultés. Parmi les raisons qu'on avoit apportées afin de prouver que cette alliance étoit convenable, on faisoit voir qu'il y avoit: « une merveilleuse et
» très-héroïque correspondance en-
» tre les deux sujets: le nom de *Loys*
» *de Bourbon* contient treize lettres;
» le prince avoit treize ans, lorsque
» son mariage fut résolu; il étoit le
» treizième roi de France du nom de
» *Loys*. L'infante *Anne d'Autriche*
» avoit aussi treize lettres dans son
» nom; son âge étoit de treize ans;
» et treize infantes du même nom
» se trouvoient dans la maison d'Es-
» pagne. Les deux époux étoient de
» la même taille; leur condition étoit
» égale; ils étoient nés la même an-
» née et le même jour. »

Pour faire un rapprochement exact

et trouver le nombre *treize*, on avoit changé la manière d'écrire le mot Louis.

Cette combinaison puérile se fit encore sous Henri IV, par rapport au nombre quatorze : il y avoit quatorze lettres en son nom, *Henri de Bourbon* : il naquit quatorze siècles, quatorze décades, et quatorze ans après J. C. : il vint au monde le quatorzième jour de décembre, et mourut le quatorze de mai. Il a vécu quatre fois quatorze ans, quatre fois quatorze jours et quatorze semaines. »

Décadence des lettres dans les Gaules.

On peut accuser les Français de la décadence des lettres dans les Gaules, où elles fleurissoient avant le règne de Clovis. Cette nation guerrière ne connoissoit que les armes, ne soupiroit qu'après les combats, elle montroit même une sorte de mépris pour les arts et les sciences, que les Romains avoient eu soin d'introduire avec leur domination. Les Gaulois s'étoient appliqués surtout à l'éloquence, et s'y étoient rendus célèbres. *Sidonius Apollinaris*, distingué par son savoir, écrivit à Saint Remi un an après que Clovis fut parvenu à la couronne : « Vous êtes l'homme le plus éloquent qui vive aujourd'hui, si je compose mal, vous savez que je juge bien. » On peut voir quelle étoit l'éloquence de ce saint évêque par l'éloge de ses discours, qui fut fait après sa mort en 533. On y apercevra le goût de la nation, et les progrès qu'elle avoit faits en ce genre :

« Nous sommes convenus unani-
» mement, que peu de personnes
» ont le talent d'écrire aussi bien
» que l'évêque de Reims. Il y a mê-

» me fort peu d'orateurs, et peut-être
» il n'y en a aucun qui choisisse son
» sujet, qui l'arrange, et qui le com-
» pose avec tant d'art. On y trouve
» de la justesse dans les exemples,
» de la fidélité dans les citations, de
» la propriété dans les termes, de
» l'élégance dans les figures, du poids
» dans les preuves, de la force dans
» les pensées, de l'abondance dans
» l'expression ; c'est un fleuve qui
» coule : de la véhémence, dans les
» péroraisons ; c'est un foudre qui
» frappe. D'ailleurs le discours forme
» un corps dont toutes les parties bien
» proportionnées se tiennent, et sont
» liées par de belles transitions ; ce
» qui en rend le style poli comme
» une glace de cristal. »

Lettre de Charlemagne.

Sur la fin du septième siècle, Charlemagne s'appliqua à faire refleurir

les lettres et les sciences, voulut
qu'il écrivît aux métropolitains et
aux abbés des plus célèbres monastères, pour leur faire connoître ses
intentions à ce sujet.
« Nous vous faisons savoir que
» nous trouverions utile que, dans
» les évêchés et les monastères dont
» nous sommes chargés, on s'appli-
» quât non-seulement à maintenir
» régularité, mais encore à ensei-
» gner les lettres à ceux qui ont de la
» disposition pour les sciences; car
» quoique ce soit une meilleure chose
» de faire le bien que de le connoître,
» il faut le connoître avant de le faire.
» Les lettres que nous avons reçues
» de plusieurs monastères nous ont
» paru raisonnables pour le sens et
» les pensées; mais l'expression en est
» barbare, et le style fort mauvais;
» ce qui prouve combien on néglige
» de s'appliquer à bien écrire, et

« combien il est nécessaire d'exécu-
» ter nos ordres par rapport aux
» écoles, avec le même zèle qui nous
» les a fait donner; car nous souhai-
» tons que vous soyez, comme doi-
» vent l'être des soldats de l'église,
» des hommes pieux et savans; que
» vous viviez bien, que vous par-
» liez bien, avec des
» personnages différens, pour
» rendre utile à plusieurs. » Voilà

Éloquence du septième siècle.

On jugera de l'éloquence de ce
siècle par le paragraphe que nous
allons citer.

Alcuin (1) établit une école célèbre à l'abbaye de Saint - Martin de
Tours, qu'on venoit de lui donner;
lui seul y enseignoit presque toutes
les sciences. Il rendit au roi ce compte
de ses occupations : « Je fais couler
» aux uns le miel des saintes écri-

_____
(1) C'étoit un Anglais qui passoit pour
l'homme le plus instruit de son temps.

» tures ; j'enivre les autres du vin
» vieux des histoires anciennes. Je
» nourris ceux-ci des fruits de la
» grammaire que je leur cueille, et
» j'éclaire ceux-là en leur découvrant
» les étoiles, comme des lumières at-
» tachées à la voûte d'un grand pa-
» lais. En un mot, je fais plusieurs
» personnages différens, pour me
» rendre utile à plusieurs. » Voilà le
style boursouflé d'un pédant, autant
éloigné de la véritable éloquence que
la science l'est de la profonde ignorance.

La langue latine cesse d'être en usage.

Jusqu'à la fin du règne de Charlemagne, la langue latine avoit été en
usage, elle cessa alors d'être vulgaire
en France, la romance lui succéda;
c'étoit un composé de Franc ou de
Tudesque (langue des Germains ou
Allemands), et de mauvais latin,
qui est enfin devenu la langue fran-

çaise, telle qu'on la parle aujourd'hui.

Serment en langue romance.

En 842, Louis de Bavière et Charles d'Aquitaine ayant remporté une grande victoire sur leur frère Lothaire, redoublèrent de fureur contre ce prince. Dans une conférence, où ils traitoient des moyens de perdre l'empereur, ils se jurèrent une fidélité inviolable, et se lièrent par un serment que l'histoire nous a conservé. C'est presque le seul monument qui nous reste de l'ancienne langue romance.

Pro Deo amar et pro christian poblo, et nostro commun salvamento dist di in avant in quant Deus savir et podir me dunat salvarcio cist meon fradre, etc.

« Pour l'amour de Dieu, et pour
» le peuple chrétien et notre com-

» mune sûreté, de ce jour en avant,
» autant que Dieu me donnera de le
» savoir et de le pouvoir, je défen-
» drai ce mien frère, etc. »
Cette langue se parle encore, et n'a
souffert que très-peu de changemens
chez les Grisons dans la vallée d'En-
gadina.

Origine du nom de romans.

La langue romance, ayant succédé
au latin, devint la seule qui fût le plus
universellement entendue. Les fic-
tions et les contes, enfantés par la
grossiereté qui régnoit dans le dixième
siècle, furent écrits en langue vulgaire, et prirent le nom de *romans*,
qu'on a toujours donné dans la suite
à ces sortes d'ouvrages, dont l'âme
est la fiction, quoiqu'elle ait paru
quelquefois la restreindre aux aven-
tures galantes.

DES FRANCS. 233

Anecdote.

En 1558, Antoine de Bourbon, roi de Navarre, vint à la cour de France, avec son fils, depuis Henri IV, qui n'avoit pas encore cinq ans. Henri II, charmé de voir ce jeune enfant si éveillé et si résolu, le prit entre ses bras et lui dit : « Voulez-vous être mon fils ?..... *Ed que es lo pay* : (c'est celui-là qui est mon père), répond le jeune prince. Eh bien ! voulez-vous être mon gendre ?.... *O bé* (oui bien), dit-il, après avoir regardé son père. » Ensuite les deux rois se promirent d'unir leurs enfans; et que le jeune Henri, venu en âge, épouseroit Marguerite de France, plus âgée que lui d'environ six mois. Ce qui eut lieu dans la suite.

Rareté des Livres.

Sous Philippe 1er, en 1074, les

moines s'occupoient ordinairement à copier des livres, dont la rareté étoit si grande dans ce siècle, qu'une comtesse d'Anjou, nommée Grécie, paya un recueil d'homélies deux cents brebis, trois muids de grain et cent peaux de martres.

Imprimerie.

En 1440, sous Charles VII, on commença à mettre en usage l'art de l'imprimerie. Le premier livre qui sortit de la presse, fut une grande bible *in-folio;* les caractères imitoient l'écriture, au point qu'on y étoit trompé. On n'imprimoit les feuilles que d'un côté, et les lettres tenoient ensemble.

On conserva long-temps l'usage, établi d'abord, de ne chiffrer que le feuillet *recto*. Jean Guttemberg, gentilhomme de Strasbourg, Pierre Schoëffer, son gendre, et Jean Fauste, furent les premiers qui entreprirent d'imprimer des ouvrages entiers. On ne commença à imprimer à Paris qu'en 1470; mais en 1446, on avoit vu pour la première fois les premiers essais typographiques. Jean Fust, un des imprimeurs de Mayence, étoit venu à Paris présenter des exemplaires de ses Offices de Cicéron.

Anecdote du règne de François Ier.

En 1521, le chevalier Bayard défendoit Mézières, avec fort peu de monde, contre une armée de trente-cinq mille hommes. Il jette de la défiance entre les deux commandans des ennemis, et les force à lever le siège. François Ier écrivoit à cette occasion, qu'il falloit remercier Dieu, parce qu'il « (*Dieu*) s'était montré « *bon Français*. » Voici la lettre que ce prince envoya à la reine Louise de Savoie, sa mère :

A Madame.

MADAME,

Tout aseteure ynsy que je me voulloys mettre o lyt, est arryvé Laval, lequel m'a apporté la sertaineté deu levement deu syege de Mesyeres; je croy que nos ennemys sont eu grant pene, vu la honteuse retrete qu'yl ont fet : pour tout le your de demayn, je soré le chemyn quys prandront. Et selon sela il nous fodra gouverner. Et s'yl ont joué la pasyon, nous jourons la vanyanse. Vous suplyant, madame, vouloir mander par-tout pour fere remercier Dieu ; car sans poynt de foté, il a montré se coup qu'yl est bon Français. Et fesant fyn à ma lettre remetant le tout seur le porteur, pry à Dieu qu'yl vous doynt très-bonne vye et longue.

Votre très-humble et très-obéissant fyls, FRANÇOIS.

Imprimerie royale.

La paix des Dames, faite en 1529, entre François Ier et Charles-Quint, fut avantageuse aux sciences. François Ier mérita d'être surnommé le Père des lettres, titre qu'il se faisoit honneur de porter. Il attiroit auprès de sa personne un grand nombre de savans, il animoit leurs travaux et les récompensoit en roi. Il avoit même la coutume de faire quelques pas vers eux, par honneur, la première fois qu'ils lui étaient présentés. Il rassembloit de toutes parts des manuscrits curieux dont il enrichit cette bibliothèque « devenue, dit Mézerai, le plus rare trésor des rois de France ». Il établit une Imprimerie royale, fonda le Collége royal, y mit des professeurs pour les langues, les mathématiques, la médecine; et ce ne fut plus une honte pour la noblesse française de savoir autre chose que manier un cheval et des armes. François Ier en France, Léon X, à Rome, les Médicis, à Florence, eurent l'avantage d'accueillir les arts et les sciences exilés de la Grèce, et partagèrent entre eux la gloire de les faire refleurir dans l'Occident, et de fixer une époque à jamais mémorable.

Anecdote.

L'anecdote suivante, qui peint le langage et les mœurs du treizième siècle, ne nous a pas paru déplacée ici : elle est du règne de Charles VI, roi de France.

Le 22 d'août, Isabelle de Bavière, que le roi Charles VI avoit épousée en 1385, fit son entrée dans Paris. Le lendemain, Guillaume de Vienne, archevêque de Rouen, assisté de deux évêques, fit la cérémonie du couronnement dans la chapelle. La fête pré-

parée pour son entrée étoit brillante, et offroit toute la délicatesse des mœurs de ce temps-là. On avoit élevé à la Porte-aux-Peintres, rue Saint-Denis, un ciel nué et étoilé. Les trois personnes divines y étoient représentées; une troupe d'enfans, représentant des anges, exécutoient des concerts. « Quand la reine passa dans
» sa litière découverte, sous la porte
» du paradis, d'en haut deux anges
» descendirent, tenant en leurs mains
» une très-riche couronne d'or, gar-
» nie de pierres précieuses, et l'as-
» sirent moult doucement sur le chef
» de la reine, en chantant ces vers : »

Dame enclose entre fleurs de lys,
Reine êtes-vous du paradis,
De France et de tout le pays :
Nous en r'allons en paradis.

Le roi se déguisa pour être témoin de la pompe de cette entrée. « Savoisi, » je te prie que tu montes sur mon

» bon cheval, et monterai derrière
» toi, et nous nous habillerons tel-
» lement qu'on ne nous connoisse
» point, et allons voir l'entrée de ma
» femme. Ils allèrent donc par la
» ville en divers lieux, se avancèrent
» pour venir au Châtelet à l'heure que
» la reine passoit, où il y avoit mont
» de peuple et grand' presse; et y
» avoit foison de sergens à grosses
» boulaies (armés de gros bâtons),
» lesquels, pour défendre la presse,
» frappoient de leurs boulaies bien
» et fort, et se efforçoient toujours
» d'approcher le roi et Savoisi; et les
» sergens qui cognoissoient mie le
» roi, ne Savoisi, frappoient de leurs
» boulaies dessus, et en eut le roi
» plusieurs horions (coups) sur les
» épaules bien assis; et au soir, en
» la présence des dames et demoi-
» selles, fut la chose récitée, et on
» commença à bien farcer, et le roi

» même se farçoit des horions qu'il
» avoit reçus. »

Le lendemain de cette entrée, la ville de Paris fit, selon l'usage, son présent au roi et à la reine. Les députés s'étant mis à genoux, dirent : « Très chier et aimable sire, vos » bourgeois de Paris vous présentent » ces joyaux. » C'étoient des vases d'or bien travaillés. « Grand merci, » bonnes gens, répondit le roi; ils » sont biaux et riches. » Ils allèrent ensuite chez la reine, à qui deux hommes déguisés, l'un en ours et l'autre en licorne, offrirent des présens encore plus riches.

Bibliothèque de Livres manuscrits.

Dans le même siècle et sous le même roi, le prince Jean, duc de Berry, qui avoit hérité de son frère Charles V, un grand goût pour les livres, se forma une bibliothèque dont le catalogue contient environ cent volumes. Ce sont des Bibles, des Psautiers, des Heures, des Traductions de quelques traités particuliers des Saints Pères, des Histoires anciennes, modernes, romanesques, etc. Il falloit des trésors pour faire une semblable collection. Le prix en est marqué dans ce catalogue; on y trouve : « des » Bibles qui ont coûté trois cents li» vres; un Traité de la Cité de Dieu, » deux cents livres; un Tite-Live » cent trente-cinq livres », et ainsi des autres. Les copistes avoient trouvé l'art d'embellir les livres de mille ornemens riches, et d'un travail fort recherché; ce qui les rendoit beaucoup plus chers et plus rares, parce que le temps qu'ils mettoient à embellir leur écriture n'étoit pas employé à copier.

La première Clepsydre (Horloge d'eau).

En 790, Aaron, calife des Sarrazins, fit à Charlemagne un présent qui mériteroit peut-être encore aujourd'hui l'approbation des curieux. C'étoit une de ces horloges que l'eau fait mouvoir, et qu'on nomme clepsydres. Douze portes composoient le cadran, et formoient la division des heures. Chacune de ces portes s'ouvroit à l'heure qu'elle indiquoit, et donnoit passage à des boules qui tomboient successivement sur un timbre d'airain et frappoient l'heure. Chaque porte restoit ouverte, et à la douzième heure douze petits cavaliers sortoient ensemble, faisoient le tour du cadran, et refermoient toutes les portes.

Lois Somptuaires, sous Charlemagne.

En 813, on publia les premières lois

somptuaires qui aient paru en France : elles régloient le prix des étoffes, et distinguoient les états, les rangs et les conditions de chacun en particulier, par rapport à l'habillement. Le prince se proposoit d'abolir le luxe qui s'introduisoit, et de ramener la nation à la simplicité des anciens Francs. L'exemple du monarque étoit bien propre à y contribuer : « Il ne » portoit en hiver qu'un pourpoint » fait de peau de loutre, sur une tu- » nique de laine bordée de soie ; il » mettoit sur ses épaules un sayon » (une saie) (1) de couleur bleue; et » pour chaussure, il se servoit de ban- » des de diverses couleurs, croisées » les unes sur les autres. »

Cette modeste simplicité régna en France jusqu'en 998, que le roi Ro-

---

(1) Vêtement des Perses, des Romains et des Gaulois, en temps de guerre.

bert, forcé de répudier Berthe, sa parente, épousa Constance, fille de Guillaume 1er, comte de Provence. Cette nouvelle reine introduisit le luxe et les plaisirs à la cour de France.

Modes bizarres du onzième siècle.

Sous Philippe Auguste (Philippe II) en 1195, les modes pour les habits étoient alors des plus bizarres. On portoit des étoffes plissées, et chargées de figures grotesques de monstres, de diables, etc. Les femmes avoient des robes d'une longueur démesurée, qui traînoient derrière elles en queue de serpent.

Bonne renommée vaut mieux que ceinture dorée.

En 1225, sous Louis VIII, surnommé Cœur de Lion, c'étoit la coutume de se donner mutuellement le *baiser de paix*, quand le prêtre, qui disoit la messe, avoit prononcé ces paroles :

que la paix du Seigneur soit toujours avec vous. La reine Blanche, épouse de Louis VIII, ayant reçu ce *baiser de paix*, le rendit à une fille publique, dont l'habillement annonçoit une femme mariée et d'une condition honnête. La reine, offensée de la méprise, obtint une ordonnance qui défendoit à ces sortes de personnes, dont le nombre étoit alors très-considérable, de porter « robes à » queues, à collets renversés, et avec » une ceinture dorée. » Ce règlement étant mal observé, les honnêtes femmes s'en consolèrent par le proverbe « Bonne renommée vaut mieux que » ceinture dorée.

Anecdote sur l'habit de Louis IX, (S. Louis).

En 1247, Louis IX se faisoit une loi de ne plus porter que des habits fort simples, excepté aux jours de

cérémonies. Robert de Sorbonne, naturellement railleur, en prit occasion de plaisanter en présence du roi sur la magnificence du célèbre Joinville: « Ne seriez-vous point à blâmer, lui dit-il, si vous alliez vous asseoir ici, et prendre place au-dessus du roi ? Oui, vraiment. Or
» êtes-vous moins à blâmer quand
» vous êtes vêtu plus richement que
» lui ?.... Non, maître Robert, reprit Joinville; car cet habit que je
» porte m'a été laissé par mes père
» et mère; et je ne l'ai point fait de
» mon autorité; mais vous êtes au
» contraire fort à blâmer, vous, qui
» étant fils de *vilain* et de *vilaine*,
» (on nommoit ainsi les personnes
» d'une naissance obscure) avez laissé
» l'habit de vos père et mère, pour
» prendre des étoffes plus fines que
» celles du roi. » Alors le sire de Joinville compara l'habit du roi avec celui

du railleur, en disant: « Or regardez
» si j'ai dit voir. » Joinville mit les
rieurs de son côté par cette naïveté,
et le prince défendit un peu le doc-
teur, en disant : « qu'il convenoit de
» s'habiller honnêtement, et de telle
» manière que les prudes (sages) du
» monde ne puissent dire: vous en
» faites trop; n'aussi les jeunes gens:
» vous en faites peu. »

Loi Somptuaire, sous Philippe IV, dit le Bel.

En 1294, on promulgua une loi
somptuaire qui régloit la table, les
habits, la dépense, et fixa les bornes
où chacun devoit se tenir selon son
état. Cette loi ne permettoit que quatre plats pour les jours de jeûnes, et
trois pour les autres jours, et défendoit de mettre plus d'une sorte de
viande ou de poisson dans un même
plat. Les rois mêmes n'étoient jamais

servis avec plus d'abondance, et leur meilleur vin étoit celui d'Orléans; il portoit le titre d'excellent, et c'étoit une faveur insigne d'en recevoir en présent. Henri Ier en avoit toujours à la guerre; il lui attribuoit la vertu de faire naître le courage.

Par la même loi, il falloit être duc, comte ou baron, et avoir *six mille livres de terre*, pour se donner, à soi-même et à sa femme, quatre robes par an. « Nulle demoiselle, disoit » la loi, si elle n'est châtelaine, ou » dame de deux mille livres de terre, » n'en aura qu'une. » Le prix qu'on permettoit de mettre aux étoffes étoit depuis dix sous l'aune de Paris, jusqu'à vingt-cinq; les dames de qualité avoient seules le droit d'y mettre jusqu'à trente sous, et de prendre de la toile à « *un sou huit deniers l'aune.* »

Enfin, pour mettre de la différence entre les états, il étoit ordonné qu'aucune bourgeoise n'auroit un char, et ne se feroit conduire le soir avec une torche de cire, et qu'elle ne porteroit ni vert, ni gris, ni hermine, ni or, ni pierres précieuses, ni couronnes d'or ou d'argent.

Magnificence des Flamands, en 1301.

Philippe le Bel alla en Flandre en 1301, suivi de toute sa cour; il y fut reçu avec une joie extrême et une grande magnificence. En faisant son entrée à Bruges, la reine fut tellement surprise du luxe des habitans de cette ville, qu'elle s'écria: « J'avois
» cru paroître ici comme la seule
» reine qu'il y eût; mais j'y trouve
» plus de six cents femmes qui peu-
» vent me disputer cette qualité par
» la parure et par la richesse de leurs
» habits. »

Dans le quatorzième siècle, l'argent étoit rare et le luxe porté au comble.

Sous le règne de Jean 1er, roi de France, en 1356, les lois somptuaires n'étoient plus en vigueur. Lorsque ce roi eut perdu la bataille de Poitiers, les Anglais s'enrichirent des dépouilles de l'armée française, où régnoit le luxe le plus fastueux. Les perles et les diamans étoient en France hors de prix: on vendoit à Paris, dix livres parisis, deux perles qui n'avoient été achetées que huit deniers; cependant les états-généraux refusoient au dauphin les secours nécessaires pour réparer les malheurs du royaume. Dans cette extrémité le Languedoc se signala; les députés de cette province, assemblés à Toulouse, convinrent d'une voix unanime de lever et d'entretenir un corps de troupes de quinze mille hommes. On fit encore un règlement sévère pour réprimer le luxe.

Anecdote du règne de Charles VI.

En 1398, l'empereur Vinceslas vint en France, pour conférer avec le roi Charles VI, sur les moyens de finir le schisme qui depuis long-temps désoloit la chrétienté. La cour alla le recevoir à Reims. Surpris d'abord de l'éclat des meubles précieux qui ornoient son appartement, l'empereur le fut bien davantage, lorsque Robert de Boissai lui dit : « Seigneur, puis-» que tout ceci vous plaît, le roi mon » maître vous le donne. Il vous prie » d'avoir pour agréable ce petit pré-» sent, et de lui faire l'honneur de » dîner avec lui. » Vinceslas ne put se rendre à l'invitation qu'il avoit acceptée, parce que, selon sa coutume, il s'étoit enivré dès le matin, de façon à ne pouvoir pas paroître de toute la journée. On remit la fête au jour suivant, et l'empereur, par un effort extraordinaire, se modéra assez pour être en état de s'y rendre : le repas fut d'une somptuosité sans exemple pour la cour impériale : « La vaisselle » d'or et d'argent y couroit, dit Frois» sard, à telle largesse, comme si » elle eût été de bois. » Toute cette vaisselle, et tous les riches ameublemens de la salle du banquet furent donnés à l'empereur et à ses officiers. Ce présent seul fut estimé deux cent mille florins d'or.

Découverte des Indes.

L'an 1500, sous Louis XII, la découverte des Indes répandit en France tant d'or et d'argent, que des terres, affermées jusqu'alors à mille livres, furent portées à dix ou douze mille.

Camp du Drap d'or.

Plus la France se civilisoit, plus le luxe alloit croissant. En 1520, François Ier et Henri VIII, roi d'Angleterre, eurent une entrevue entre Ardres et Guisnes; ils étoient accompagnés d'une cour brillante, et cette assemblée fut appelée le *Camp du Drap d'or*, pour en marquer la magnificence. Du Bellay dit à cette occasion : « La grande dépense superflue fut telle, que plusieurs y portèrent leurs moulins, leurs forêts et leurs prés sur leurs épaules. »

Les rois de France portent les cheveux courts et la barbe longue.

Jusqu'à François Ier, les rois de France avoient porté les cheveux longs, et s'étoient fait raser la barbe; mais sous le règne de ce prince la mode changea par la circonstance que voici. François Ier s'amusant à assiéger une maison avec des boules de neige, fut blessé à la tête par un tison, que le capitaine de Lorges, sieur de Montgommeri, avoit jeté pour se défendre. Le roi, obligé de se faire raser la tête, introduisit en France la mode de porter les cheveux courts et la barbe longue. On reprit l'ancien usage sous le règne de Louis XIII.

La magnificence suit François Ier au tombeau.

Malgré les dépenses nécessaires pendant trente années de guerre, malgré la magnificence introduite dans les meubles et dans les bâtimens, malgré les grandes récompenses accordées aux gens de lettres, François Ier, mort en 1547, laissa son domaine entièrement dégagé, quatre cent mille écus d'or dans ses coffres, et un quart de son revenu près d'y entrer ; tandis qu'Henri II, son successeur, laissa l'état chargé de quinze ou seize millions de dettes. On reprochoit cependant à François Ier de trop grandes libéralités à l'égard de ses favoris : on fit même ce distique :

Sire, si vous donnez pour tous à trois ou quatre,
Il faut donc que pour tous vous les fassiez combattre.

La magnificence suivit François Ier au tombeau : ses funérailles se firent avec une pompe extraordinaire ; onze cardinaux y assistèrent, ce que l'on n'avoit jamais vu. Il fut proclamé, par cri public, dans la salle du palais : « Prince clément en paix, victorieux » en guerre, père et restaurateur » des bonnes lettres et des arts libé- » raux. »

Premiers bas de soie, tricotés à l'aiguille.

L'an 1559, Henri II fut le premier en France qui porta des bas de soie, tricotés à l'aiguille; les métiers sont d'une invention plus récente. Jusqu'alors on portoit des bas d'étoffe, qu'on nommoit *chausses*, comme on les nomme encore aujourd'hui; d'où le nom de *hauts-de-chausses* a été si long-temps en usage. Henri II introduisit cette nouveauté, qui étoit alors une magnificence, pour honorer les noces de sa sœur Marguerite de France avec Emmanuel-Philibert, duc de Savoie.

Singulier édit de l'an 1640.

Henri IV, voyant que tous les édits contre le luxe devenoient inutiles, en rendit enfin un, dans lequel, après avoir expressément défendu à tous ses sujets de porter ni or ni argent sur leurs habits, il ajoutoit : « Excepté pourtant aux filles » de joie et aux filoux, en qui nous » ne prenons pas assez d'intérêt pour » leur faire l'honneur de donner no- » tre attention à leur conduite. »

L'Eglise de Saint-Denis couverte en plomb.

En 638, le roi Dagobert, le premier des rois de France qui fut enterré à Saint-Denis, après avoir richement doté cette abbaye, légua, par son testament, huit mille livres de plomb pour en couvrir l'église qu'il avoit enrichie, en dépouillant les plus belles églises du royaume. Les portes de bronze étoient à Saint-Hilaire de Poitiers.

Clovis II, successeur de Dagobert 1er, fit servir les richesses de cette abbaye à un autre usage. En l'année 657, pendant une horrible famine qui désoloit la France, ne sachant plus où trouver de quoi nourrir les pauvres, ce prince fit enlever les lames d'or et d'argent qui couvroient les tombeaux de Saint Denis et de ses compagnons. Pour dédommager l'abbaye de cette perte, le monarque lui procura une exemption de toute juridiction ecclésiastique.

Encore une famine.

En 794, sous Charlemagne, il y eut en France une grande famine. Pour remédier aux abus qui s'étoient glissés, pendant ce temps, dans le royaume, le roi fixa le prix du boisseau de froment à quatre deniers, celui du seigle à trois deniers, et le pain à proportion : le boisseau d'avoine fut taxé à un denier, et celui d'orge à deux deniers. Il étoit défendu de vendre ces denrées plus cher, même dans un temps de disette. Le denier de ce temps-là revient à treize sous et quelques deniers de notre monnoie.

Rareté de l'argent.

L'argent étoit extrêmement rare dans le huitième siècle. Sous Charlemagne, toutes les peines portées par les lois se bornoient à l'amende pécuniaire ; faute d'argent, l'amende se payoit en denrées. Un bœuf d'un an étoit apprécié un sou; ce qui revenoit à trois livres treize sous six deniers de notre monnoie.

Anecdote du règne de Charles VI.

En 1380, le duc d'Anjou, oncle du jeune roi Charles VI, étoit à Melun, d'où la cour alloit se rendre à Reims pour la cérémonie du sacre, et ne s'occupoit qu'à chercher le trésor que

Charles V y avoit caché, pour servir de ressource dans les malheurs qu'il prévoyoit devoir bientôt fondre sur son royaume. Les recherches étant inutiles, le duc d'Anjou appela Savoisi, chambellan de confiance du feu roi; mais ne pouvant arracher son secret ni par prières, ni par promesses; il fit entrer un bourreau, et déclara à Savoisi qu'une plus longue résistance alloit lui coûter la tête. La crainte de la mort l'emporta sur la fidélité. Le duc trouva, dans un endroit de la muraille du château, une grande quantité de lingots d'or et d'argent; il s'en empara comme d'une chose qu'il lui étoit permis d'employer à l'expédition de Naples qu'il méditoit. Le défaut d'argent fut la première source des maux qui ne tardèrent point à assiéger la France.

Charles VI, roi de France, manque d'argent.

En 1400, Charles VI, attaqué d'une maladie qui le rendoit incapable de gouverner, étoit à la discrétion de la reine et du duc d'Orléans, qui profitant du fâcheux état du monarque, disposoient à leur gré des revenus de la couronne, et laissoient la famille royale manquer du nécessaire. Charles fit venir un jour la gouvernante de ses enfans, qui lui avoua que souvent, ils n'avoient ni de quoi vivre, ni de quoi s'habiller. « Je ne
» suis pas mieux traité, répondit le
» prince, en lui donnant, pour la
» vendre, une coupe d'or dans laquelle il venoit de boire. »

Louis XI, encore dauphin, emprunte trois cents francs.

Il n'est pas sans exemple de voir

les princes et même les rois manquer du nécessaire, et recourir à leurs sujets. Entre un grand nombre de faits qu'on pourroit citer, en voici un du même siècle que le précédent.

En 1440, le Dauphin, fils de Charles VII, qui fut depuis Louis XI, s'étant retiré en Dauphiné, avoit si peu d'argent, qu'il fut obligé d'emprunter cent écus de la ville de Romans (en Dauphiné). Il en fit son billet, qui se trouve encore dans les archives de cette ville.

Jacques Hancelin, l'un de ses domestiques, lui avoit aussi prêté trois cent vingt liv. seize sous huit deniers.

Commencement de la vénalité des charges.

En 1465, Louis XI manquant d'argent, et ne sachant plus où en trouver, fit de grands emprunts sur les officiers; il destitua ceux qui refusèrent de lui prêter les sommes qu'il exigeoit. Ce fut le commencement de la vénalité des charges. Ce prince augmenta les tailles de trois millions. Son père, Charles VII, n'avait jamais levé que dix-huit cent mille francs par an. Louis XI leva quatre millions sept cent mille livres; ce qui revient à vingt-trois millions de notre monnoie.

Vénalité des Charges.

Louis XI donna l'idée d'emprunter de ceux qui avoient des charges, et Louis XII, forcé par les circonstances, alla encore plus loin, il vendit les charges.

En 1499, ce prince se disposoit à faire valoir ses droits sur le duché de Milan. Pour se procurer l'argent dont il avait besoin, sans augmenter les impôts, il vendit plusieurs charges de son royaume; c'étoient celles qu'on appeloit *offices royaux*, qui n'étoient point de judicature. Cette innovation est l'époque de la vénalité des charges. Le roi ne prétendoit point qu'elle fût durable; mais l'avantage qu'il en retira servit de réponse aux raisons qu'on pouvoit lui opposer.

Premières Contributions.

En 877, sous Charles II, dit le Chauve, les Sarrazins attaquoient Rome, et les Normands infestoient de nouveau la France. Charles, préférant de remplir les obligations qu'il avoit contractées en acceptant l'empire, passa en Italie, après avoir réglé les contributions que ses sujets devoient payer, pour acheter une trêve avec les Normands. Chacun devoit être taxé à proportion de ses biens, de façon cependant que les plus riches ne payassent pas plus de cinq sous.

Établissement de la Capitation.

En 1355, le roi Jean Ier convoqua les états-généraux pour délibérer avec eux sur les moyens de pourvoir aux besoins et à la dépense du royaume. Cette assemblée forme une époque remarquable, par l'autorité que le tiers-état sut s'y procurer. Profitant des circonstances où l'on se trouvoit, il s'attribua la principale influence dans les délibérations. D'abord on fit une loi, par laquelle aucun règlement des états-généraux n'auroit de validité que par le concours unanime des trois ordres; ensuite on fixa le nombre des troupes à quatre-vingt-dix mille hommes, sans y comprendre les communes du royaume, qui formoient un corps d'infanterie très-considérable; enfin on établit une imposition, dont le roi même n'étoit pas exempt, et dont la levée et la régie devoient être confiées à des hommes proposés par les états. Ce premier subside n'étant point suffisant, (il consistoit en huit deniers pour livre sur tout ce qu'on vendoit) on établit une capitation proportionnée à la valeur des biens : elle étoit fixée à quatre livres pour cent de revenu; à quarante sous pour ceux qui avoient moins de cent livres, et à vingt pour ceux qui avoient moins de quarante livres. Les laboureurs, les artisans et les domestiques, dont le salaire pouvoit être estimé cent sous par an, en payoient dix.

Manière de renoncer à la communauté des biens.

En 1399, pendant le règne de Charles VI, il y eut à Paris une si grande mortalité, qu'on défendit de sonner les cloches, et même les convois pour les enterremens. Ce fléau avoit aussi gagné les provinces. Philippe, duc de Bourgogne, en mourut: il étoit le seigneur le plus riche en fonds de terre qu'il y eût alors; mais l'excès de sa dépense l'avoit appauvri à un tel point, que la duchesse son épouse renonça à la communauté; ce qu'elle fit, selon la coutume de ce temps, « en décrochant sa ceinture » avec ses clefs et sa bourse, qu'elle » mit sur le cercueil de son mari. »

Règlement pour les Clercs.

Du temps de Clovis 1er, tous les clercs, dont la plupart étoient mariés, exerçoient plusieurs professions, même celle des armes.

Ces *clercs solus*, c'est ainsi qu'on les nommoit, pouvoient donc, sans perdre leur privilége de cléricature, se marier une fois, pourvu qu'ils épousassent une fille. Il leur étoit permis de s'habiller de toutes sortes de couleur, pourvu qu'ils ne se *bigarassent* point, c'est-à-dire pourvu qu'il n'entrât point d'étoffes de différentes couleurs dans une des pièces de leur vêtement. Un *clerc solu*, par exemple, pouvoit à son choix porter une robe verte ou rouge.

Réforme des Clercs.

En 817, Louis Ier, dit le Débonnaire, successeur de Charlemagne, employa les premières années de son règne à réparer mille injustices que les officiers avoient commises, et à réparer un grand nombre d'abus qui s'étoient glissés dans tous les ordres de l'état. On peut en juger par ce qu'en dit un auteur contemporain :

« Ce fut alors, dit-il, que les clercs
» quittèrent leurs baudriers d'or, et
» leurs ceintures chargées de coute-
» las garnis de pierreries, aussi bien
» que les habits précieux, et les épe-

» rons qu'ils portoient aux talons;
» et si quelque ecclésiastique affec-
» toit encore quelqu'une de ces pa-
» rures, il étoit regardé comme un
» monstre. »

Réforme des Monastères.

En 819, sous le même prince, la réforme des monastères parut devoir fixer l'attention du gouvernement. On forma des commissions à la tête desquelles étoit un archevêque; et le roi lui faisoit fournir chaque jour, pour sa subsistance « quarante pains, » trois porcs, un cochon de lait, trois » poulets et quinze œufs. » Ces commissaires parcouroient les provinces qu'on leur avoit assignées, pour faire exécuter les capitulaires et tout ce qui étoit prescrit dans les instructions qu'on leur donnoit à chacun en particulier. Raban, ce célèbre moine de Fulde, prétendit prouver qu'on n'introduisoit dans les cloîtres l'abstinence de la chair, que pour remédier à la trop grande consommation de volailles que faisoient les moines; il avouoit cependant, que les chantres ne devroient manger que des légumes, afin d'avoir la voix haute, claire et douce.

Autre règlement sur les Ecclésiastiques.

En 1195, sous le règne de Philippe-Auguste, le concile qui se tint à Montpellier prescrivit que « soit
» chair, soit poisson, il faut que les
» ecclésiastiques surtout se conten-
» tent de deux mets; si ce n'est
» qu'en gibier ou autres présens, ils
» aient quelque chose qu'ils puissent
» y ajouter. »

Le même concile ordonnoit aux clercs et aux laïques de porter des habits fermés.

Défense aux femmes, dont les époux embrassoient l'état ecclésiastique, de se marier du vivant de leurs maris.

Il étoit aussi défendu aux femmes que les prêtres et les diacres avoient épousées avant d'être engagés dans l'état ecclésiastique, et dont ensuite ils s'étoient séparés pour prendre les ordres, de contracter un second mariage du vivant de leur premier mari.

Les Reclus.

Dans le troisième siècle, du temps de Louis le Débonnaire, le nombre des reclus étoit considérable: prêtres, moines, laïques (hommes et femmes) pouvoient embrasser un genre de vie qui paroîtroit bien extraordinaire aujourd'hui, et qui étoit alors assez commun. Il s'agissoit de passer le reste de ses jours dans une cellule qui ressembloit plutôt à un tombeau qu'à la demeure d'un homme vivant, et de n'avoir pour toute nourriture que du pain d'orge et de l'eau. La cellule devoit être fort étroite, peu élevée, n'ayant de jour que par une petite fenêtre qui donnoit dans l'église, d'où le reclus entendoit la messe, recevoit les sacremens et sa nourriture. S'il étoit prêtre, sa cellule ne tenoit point à l'église, et il devoit y avoir un petit jardin et un oratoire; c'est ce qui se pratiquoit surtout à l'égard des moines. Quand on vouloit se faire reclus, il falloit commencer par obtenir la permission de l'évêque, et remplir fidèlement tout ce qu'il prescrivoit, comme autant d'épreuves pour s'assurer des dispositions du sujet qui se présentoit. La cérémonie de la réclusion se faisoit ainsi : l'évêque disoit la messe, après laquelle, celui qui vouloit être reclus promettoit la stabilité en présence du clergé et du peuple. Ensuite on se rendoit à la cellule qu'on bénissoit. Dès que le nouveau reclus y étoit renfermé, pour ne pas dire enseveli, on en muroit la porte ; et pour plus grande précaution, l'évêque y apposoit son sceau.

La Noblesse.

Avant la conquête des Gaules par les Romains, il y avoit déjà parmi les Gaulois quelques distinctions attribuées à la naissance. Les usages de la république romaine s'y introduisirent un peu ; mais c'est proprement aux Français seuls, que notre noblesse doit son origine. Les Francs partagèrent entre eux les terres qu'ils nommoient *terres de conquête*; ils les firent cultiver par les anciens habitans, à la charge de certaines redevances. Les Francs furent tous égaux près de cinq cents ans; ils ne s'occupoient que de la guerre, et jouissoient de toutes les prérogatives honorables dans un pays qu'ils avaient conquis. Dans la suite, ceux qui cultivoient les terres furent appelés *vilains*, du nom latin *villani*, parce qu'ils demeuroient à la campagne *in villis*. Les nobles furent nommés gentilshommes, parce que, chez les Romains, *gentilis*, ou *qui gentem habet*, signifie, qui est d'une ancienne famille.

Lorsqu'on leva des tributs sur les terres, les cultivateurs en furent seuls chargés, et les Français continuèrent à ne payer que de leurs personnes. C'étoit conserver tout à la fois une distinction qu'ils regardoient comme très-honorable, et cette liberté qu'ils avoient acquise par tant de combats. La loi salique étoit pour les Francs; les Gaulois suivoient toujours les lois romaines; c'est ce qui introduisit de la différence dans les coutumes légales pour les nobles et pour les roturiers.

Les charges que les nobles remplirent, et qui devinrent héréditaires vers la fin de la seconde race de nos rois, donnèrent lieu aux différens titres de noblesse encore aujourd'hui en usage parmi nous, tels que ceux de duc, de marquis, de comte, de vicomte et de baron. Le duc étoit le commandant d'une province entière; et le marquis, un officier chargé de la garde et de la défense d'une frontière : *marck* en tudesque, signifie frontière. Le comte étoit le juge d'une ville et de son territoire; quelquefois aussi il commandoit les troupes; on lui donnoit des assesseurs, qu'on nomma d'abord *rachemburgu*, nom tudesque, par lequel on désignoit les magistrats subalternes qui jugeoient avec le comte : dans les Capitulaires de Charlemagne, ils sont nommés *scabani*; d'où le nom d'échevins nous est demeuré. Le vicomte n'étoit originairement que le vice-gérent du comte, et s'appeloit d'abord le vicaire du comte; mais il y eut beaucoup de vicomtes qui, en conservant ce titre, devinrent plus puissans que bien des comtes. On croit que le nom de baron ne signifioit d'abord qu'un homme distingué par son mérite et par son courage. Il seroit difficile de marquer quel fut l'office de baron, à moins qu'il ne fût un de ces magistrats chargés de juger les procès, qu'on nommoit *sagibarones*. On trouve assez souvent *farones* au lieu de *barones*. *Fara* signifie une famille.

Les titres de banneret, de chevalier, d'écuyer, de bachelier, etc., ne furent en usage que sous les rois de la troisième race. La noblesse, telle qu'elle existe de nos jours, doit son origine à l'établissement des fiefs.

Origine des Fiefs, au huitième siècle.

Les demandes que les principaux de la nation firent à Louis II, surnommé le Bègue, avoient surtout pour objet de rendre héréditaires pour leurs enfans les titres et les dignités qu'ils possédoient déjà, ou dont ils espéroient être bientôt revêtus; cette concession de la part du souverain fut la première origine des fiefs. Avant cette époque, les terres accordées par les rois se nommoient bénéfices: on ne les donnoit qu'à vie; et ceux qui les possédoient n'étoient obligés qu'au service militaire. Dans la suite, ces bénéfices ont été rendus héréditaires, d'abord les enfans seuls en jouirent, ensuite on les fit passer aux héritiers collatéraux, enfin ils sont devenus des biens patrimoniaux, sujets au commerce par les ventes, donations, échanges, et autres dispositions que l'on ne pouvoit faire

Les grands du royaume augmentèrent insensiblement leur puissance; et après avoir partagé celle du souverain, ils l'anéantirent. Les ducs ou gouverneurs des provinces, les comtes ou gouverneurs des villes, et la plupart des officiers royaux changèrent leur titre en seigneuries personnelles. Maîtres des terres et de la justice, ils se firent des sujets sous le nom de vassaux, qui étoient obligés de les suivre à la guerre, même contre le roi.

Comme nous l'avons dit plus haut, l'origine de la noblesse suivit celle des fiefs : les terres firent les nobles; et les Français, qui avoient commencé par être tous égaux, se partagèrent en nobles et en roturiers.

On commença à la fin du règne de Philippe-Auguste à fixer dans les familles un surnom héréditaire; la noblesse le prit des terres qu'elle possédoit; les gens de lettres du lieu de leur naissance; les roturiers gardèrent le nom ou le sobriquet dont on se servoit alors pour les distinguer, et qui leur étoit venu de leur profession, de la couleur de leurs cheveux, d'un talent particulier ou d'un défaut.

Le titre de Monsieur.

En 1509, sous Louis XII, on commença à donner le titre de *Monsieur*. Jusque-là on appeloit monseigneur un noble s'il étoit chevalier, et quand on lui parloit, on le nommoit *Seigneur*. Les simples gentilshommes se nommoient par leurs noms et leurs surnoms.

FIN.

TABLE.

VIE DE SAINTE CLOTILDE.

CHAPITRE Ier. Gundéric, roi des Bourguignons, laisse quatre fils en mourant. — Chilpéric et Gondemar conspirent contre leur frère Gondebaud. — Ils le défont dans une bataille.—Gondebaud, vainqueur à son tour, fait périr Gondemar, Chilpéric, la femme de ce prince et ses deux fils. — Ses filles sont enfermées; l'aînée se consacre au service des autels; Clotilde vient à la cour de ses oncles. — Clotilde catholique; ses vertus. — Clovis veut l'épouser. — Aurélien se déguise en mendiant pour lui parler. — La princesse consent à épouser Clovis, ... page 9.

CHAP. II. Clovis demande Clotilde en mariage. —Gondebaud hésite; son conseil le décide. — La princesse lui avoue l'engagement secret qu'elle a pris avec Clovis.—Clotilde part avec l'ambassadeur et les Francs. — Aridius revient à la cour de Gondebaud, et lui conseille de faire courir après Clotilde. —

La princesse arrive heureusement où Clovis l'attendoit. — Clotilde plaît beaucoup à Clovis. — Dans la suite Clovis fait la guerre à Gondebaud pour venger les parens de Clotilde. — Clovis augmente son royaume. — Il donne à Aurélien le commandement du château de Melun. — Le mariage de Clovis lui soumet quantité de peuples, page 20.

CHAP. III. Saint Remi. — Lettre de Saint Remi. — Saint Remi contribue à la conversion de Clovis. — Clotilde sollicite le roi de se convertir. — Tendresse extrême de Clovis pour la reine. — Rares qualités de Clotilde. — Vers à la louange de la femme forte. — Clotilde emploie tous les moyens humains pour hâter la conversion du roi, page 32.

CHAP. IV. La politique et la religion engagent Clotilde à persuader à son époux de se faire chrétien. — Saint Remi joint auprès du roi ses instances à celles de la reine. — Ingomer, fils de Clovis, est baptisé; il meurt. — Clodomir est baptisé; il tombe dangereusement malade. — Clovis entre en colère contre la reine; il lui fait des reproches amers. — Clotilde obtient par ses prières la guérison de son fils. — Ce qu'étoient les Armoriques. — Ils occupoient entre autres pays l'île de France où Paris est situé. — Siége de Paris. — Clovis forme le blocus de cette ville, afin de la prendre par famine. — Sainte Geneviève vient au secours des Parisiens. — Sainte Geneviève les avoit sauvés du temps d'Attila. — Vie de Sainte Geneviève, page 43.

CHAP. V. Suite de la Vie de Sainte Geneviève. — La sainte est calomniée. — Les Parisiens lui rendent enfin justice. — Childéric, père de Clovis, avoit une grande considération pour Sainte Geneviève; anecdote à ce sujet. — La famine règne dans Paris. — Sainte Geneviève fait équiper une flotte pour aller chercher du blé en Champagne. — La flotte alloit périr; Sainte Geneviève la sauve. — La sainte est reçue des habitans d'Arcy-sur-Aube comme un envoyé du ciel. — Elle reçoit à Troyes les mêmes respects et les mêmes hommages. — Par les soins de Geneviève, le convoi arrive heureusement à Paris. — La sainte fait la distribution du blé. — Elle donne du pain aux pauvres. — Les Parisiens doivent regarder Sainte Geneviève comme leur libératrice, page 55.

CHAP. VI. Conquête de la Thuringe. — Le siége de Paris continue. — Les Parisiens sont attaqués et secourus. — Troubles en Italie. —

Théodoric combat Odoacre et le fait mourir. — Les Romains confédérés des Gaules sont disposés favorablement pour Clovis. — Saint Remi, rempli d'affection pour Clovis, lui donne de bons conseils. — Clotilde fait des vœux pour les catholiques. — Les Allemands entrent dans les Gaules. — Bataille de Tolbiac. — Clovis fait vœu de se faire baptiser, s'il remporte la victoire. — Il est victorieux, *page* 67.

CHAP. VII. Clotilde apprend la victoire que Clovis a remportée, et le vœu qu'il a fait. — Elle en fait rendre grâces à Dieu par tout le royaume. — Lettre de Théodoric, roi des Ostrogots. — La bataille de Tolbiac étend les possessions de Clovis en Allemagne. — Ce prince recommence le siège de Paris. — Sainte Geneviève reprend ses œuvres de charité. — Sainte Geneviève et Clotilde, unies par la même religion, forment des vœux pour la conversion de Clovis. — Les Parisiens résistent, pour ne pas se rendre à un prince idolâtre. — Clovis craint qu'étant secourus, ils ne lui échappent. — Il se décide enfin à se faire instruire, et à recevoir le baptême, *page* 81.

CHAP. VIII. Clotilde fait venir Saint Remi auprès de Clovis. — L'église de France est redevable à cette princesse, non-seulement du baptême de Clovis, mais encore de ce qu'il a reçu la Foi dans toute sa pureté. — Saint Remi instruit Clovis. — Les Francs demandent le baptême. — Cérémonies du baptême de Clovis. — Ses sœurs et trois mille Francs sont baptisés avec lui. — Mort d'Alboflède, sœur du roi. — Lettre de Saint Remi sur cette mort. — Lettre du pape Anastase II. Clovis étoit le seul souverain catholique. — Il est appelé par cette raison le *Fils aîné de l'Eglise*, page 91.

CHAP. IX. Lettre d'Avitus, évêque de Vienne, à Clovis. — Les évêques établissoient de grandes espérances, pour l'extension de la religion chrétienne, sur la conversion de Clovis. — La joie des peuples est la même pour la conversion de Clovis que pour l'abjuration d'Henri IV. — A la sollicitation de Sainte Geneviève et de la reine Clotilde, les Parisiens se soumettent à Clovis. — Union parfaite de Clovis et de Clotilde. — Sentimens guerriers et religieux de Clovis, exprimés par des paroles remarquables. — Clovis n'habite Paris qu'après la mort d'Alaric. — Paris avoit alors le droit de capitale, page 102.

CHAP. X. Orléans se rend à Clovis.—Ce prince augmente son armée des troupes romaines qui défendoient Paris et Orléans.—La Bretagne se soumet, et Clovis est maître d'une partie de la Gaule. — Jalousie d'Alaric, roi des Visigots, contre Clovis. — Il bannit Volusien, évêque de Tours, qu'il croit favorable à Clovis. — Théodoric, roi d'Italie, fait sa paix avec l'empereur d'Orient. — Ce prince s'unit à Clovis contre Gondebaud.— Mésintelligence entre les deux rois de Bourgogne. — Traité entre Godégisile et Clovis. — Gondebaud écrit à son frère. — L'armée des Francs et celle des Bourguignons se trouvent en présence. — Trahison de Godégisile. — Gondebaud s'enfuit à Avignon, page 114.

CHAP. XI. Godégisile se fait reconnoître roi dans la ville de Vienne. — Clovis assiége Gondebaud dans la ville d'Avignon. — Proposition d'Aridius au roi fugitif. — Aridius passe dans l'armée des Francs. Il traite avec Clovis, qui consent à laisser la liberté à Gondebaud.—Les Ostrogots donnent de l'argent aux Francs et se retirent. — Gondebaud se met à la tête d'une armée, et assiége son frère dans Vienne.—Godégisile, surpris, fait sortir de la ville toutes les bouches inutiles. — Vengeance d'un fontainier, il indique à Gondebaud les moyens de faire entrer des troupes dans la ville. — Défaite et mort de Godégisile. — Vengeance de Gondebaud. — Alaric maltraite les évêques. — Entrevue d'Alaric et de Clovis, page 123.

CHAP. XII. Alaric continue de maltraiter les évêques.—Quintianus quitte son diocèse. — La fuite de cet évêque est cause d'une rupture entre Alaric et Clovis.—Clovis présente cette guerre à ses peuples, comme étant entreprise pour l'intérêt de la religion.—Clovis, à la sollicitation de Sainte Geneviève, fait bâtir l'église de Saint-Pierre et Saint-Paul.—Sigebert et Gondebaud joignent leurs armées à celle de Clovis.— Augure tiré d'un verset du Psaume XVII.—Prodiges.—Les rois Alaric et Clovis se rencontrent.—Clovis et Alaric combattent corps à corps. Clovis tue Alaric. — Clovis fait sa paix avec les Ostrogots. — Présens qu'il fait à l'église de Saint-Martin, page 130.

CHAP. XIII. Anecdote; Clovis rachète son cheval de bataille.—Ce prince reçoit à Tours des ambassadeurs d'Anastase, empereur d'Orient, qui lui envoie le titre et les ornemens de Patrice, de Consul et d'Auguste. — Clovis fixe sa résidence à Paris. — Clovis tombe malade. — Sa guérison. — Sa maladie le rend cruel. — Sa conduite envers Clodéric, fils de Sigebert. — Il fait assassiner tous les princes de la famille royale. — Clovis veut faire la guerre à Théodoric, roi d'Italie. — Il fait des fondations pieuses. — Il rétablit le bon ordre pour le spirituel, et réforme les mœurs. — Concile d'Orléans en 511. — Origine du droit de régale, page 142.

CHAP. XIV. Mort de Clovis. — Ce prince laisse quatre fils et une fille. — Partage de ses états. — Les fils de Clotilde avoient grand besoin de sa présence et de ses conseils. — Ces princes vivent d'abord en bonne intelligence. — Sainte Geneviève engage la reine Clotilde à faire achever l'église de Saint-Pierre et Saint-Paul. — Mort de cette sainte. — La reconnoissance des Parisiens survit à ses cendres. — L'église de Saint-Pierre et Saint-Paul est achevée. — Les fils de Clotilde cherchent à se surprendre mutuellement. — Guerre contre le roi des Bourguignons. — Sigismond fait mourir son fils; comment. — Il se retire à Saint-Maurice. — Fondation qu'il y fait. — Sigismond est battu par les fils de Clotilde. — Il est livré à Clodomir, qui le fait enfermer, page 155.

CHAP. XV. Clodomir fait mourir Sigismond, sa femme et ses enfans. — Clodomir fait la guerre à Gondemar, et le défait. — Clodomir périt dans cette bataille. — Conquête de la Bourgogne par les Français. — Clotilde prend soin des fils de Clodomir. — Childebert et Clotaire forment le dessein de se défaire de leurs neveux. — Les jeunes princes viennent à Paris. — Clotaire tue de sa main Théodebert ou Thibaut, et Gontaire. — Le plus jeune leur échappe; nous l'honorons aujourd'hui sous le nom de Saint Cloud. — Clotilde se retire dans la ville de Tours. — Guerre civile entre Childebert et Clotaire. — Le dernier de ces princes, plus foible que son frère, se retranche dans un bois. — Il est près d'y être forcé par Childebert. — Secours miraculeux. — Mort de la reine Clotilde. — Elle est enterrée auprès de Clovis, page 172.

PRÉCIS MÊLÉ D'ANECDOTES,

Concernant les Mœurs et Coutumes des premiers siècles de la Monarchie française.

Les Francs,	page 189
Religion des Francs,	198
Loi Salique,	199
Les Francs, après avoir reçu le Christianisme,	201
Armes des Francs,	202
Les Francs comptoient par nuits,	203
Peines désignées par la loi Salique,	ibid.
Terres Saliques, bénéfices militaires,	204
Avantages de la loi Salique,	205
Les Français achetoient leurs femmes,	ibid.
Présens de mariage,	206
Divorce,	207
Répudiation,	208
Cérémonie bizarre pour s'exempter de l'amende,	ibid.
Habillement, en 568, sous Chilpéric I,	210
Serment des Français,	211

TABLE. 291

Spectacles sous Clotaire II,	page 211
Charges du Palais,	213
Les Ducs,	216
Proclamation des premiers rois de France,	217
Origine du nom de PALAIS, donné au lieu où l'on rend la justice,	ibid.
Sous Charlemagne, les gentilshommes ne savoient pas écrire,	218
Rois des Français,	ibid.
Roi très-chrétien,	219
Superstitions,	ibid.
Etablissement de l'université,	221
Enfans consacrés à Dieu,	222
Anecdote du règne de Louis XIII,	223
Décadence des lettres dans les Gaules,	225
Lettre de Charlemagne,	227
Eloquence du septième siècle,	229
La langue latine cesse d'être en usage,	230
Serment en langue romance,	231
Origine du nom de romans,	232
Anecdote,	233
Rareté des livres,	ibid.
Imprimerie,	234
Anecdote du règne de François Ier,	235
Imprimerie royale,	237
Anecdote,	238
Bibliothèque des livres manuscrits,	241

TABLE.

La première Clepsydre (*horloge d'eau*),
                                                page 243
Lois somptuaires, sous Charlemagne, *ibid.*
Modes bizarres du onzième siècle, 245
Bonne renommée vaut mieux que ceinture dorée, *ibid.*
Anecdote sur l'habit de Louis IX (Saint Louis), 246
Loi somptuaire, sous Philippe IV, dit le Bel, 248
Magnificence des Flamands, en 1301, 250
Dans le quatorzième siècle, l'argent étoit rare et le luxe porté au comble, 251
Anecdote du règne de Charles VI, 252
Découverte des Indes, 253
Camp du Drap d'or, 254
Les rois de France portent les cheveux courts et la barbe longue, *ibid.*
La magnificence suit François Ier au tombeau, 255
Premiers bas de soie, tricotés à l'aiguille, 257
Singulier édit de l'an 1640, *ibid.*
L'église de Saint-Denis couverte en plomb, 258
Encore une famine, 259
Rareté de l'argent, 260
Anecdote du règne de Charles VI, *ibid.*

Charles VI, roi de France, manque d'argent, page 262
Louis XI, encore dauphin, emprunte trois cents francs, *ibid.*
Commencement de la vénalité des charges, 263
Vénalité des charges, 264
Premières contributions, 265
Etablissement de la capitation, 266
Manière de renoncer à la communauté des biens, 267
Règlement pour les clercs, 268
Réforme des clercs, 269
Réforme des monastères, 270
Autre règlement sur les ecclésiastiques, 271
Défense aux femmes, dont les époux embrassoient l'état ecclésiastique, de se marier du vivant de leurs maris, 272
Les reclus, *ibid.*
La noblesse, 274
Origine des fiefs, au huitième siècle, 278
Le titre de Monsieur, 280

FIN DE LA TABLE.

De l'Imprimerie de DEMONVILLE, rue Christine, n° 2.

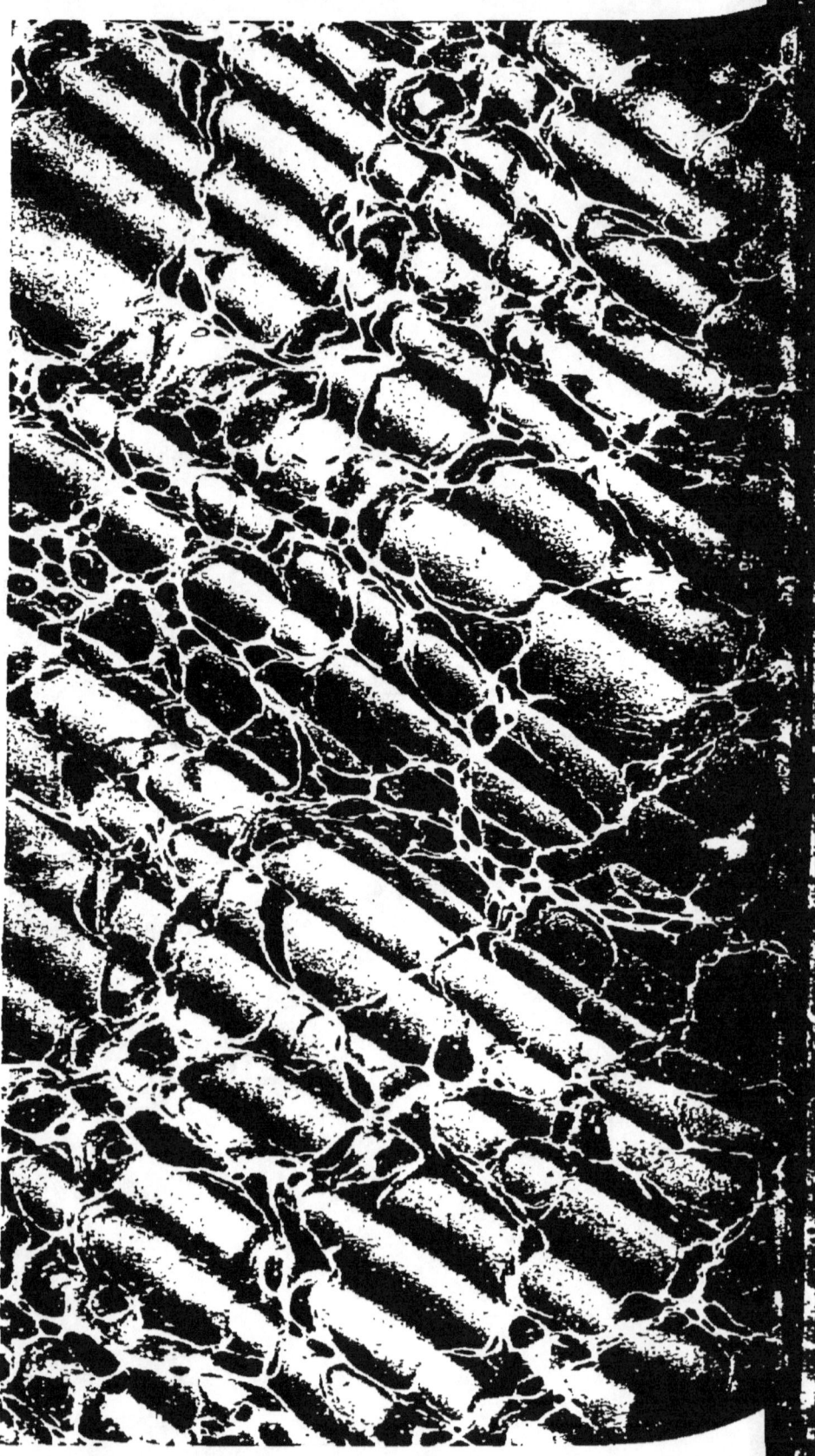

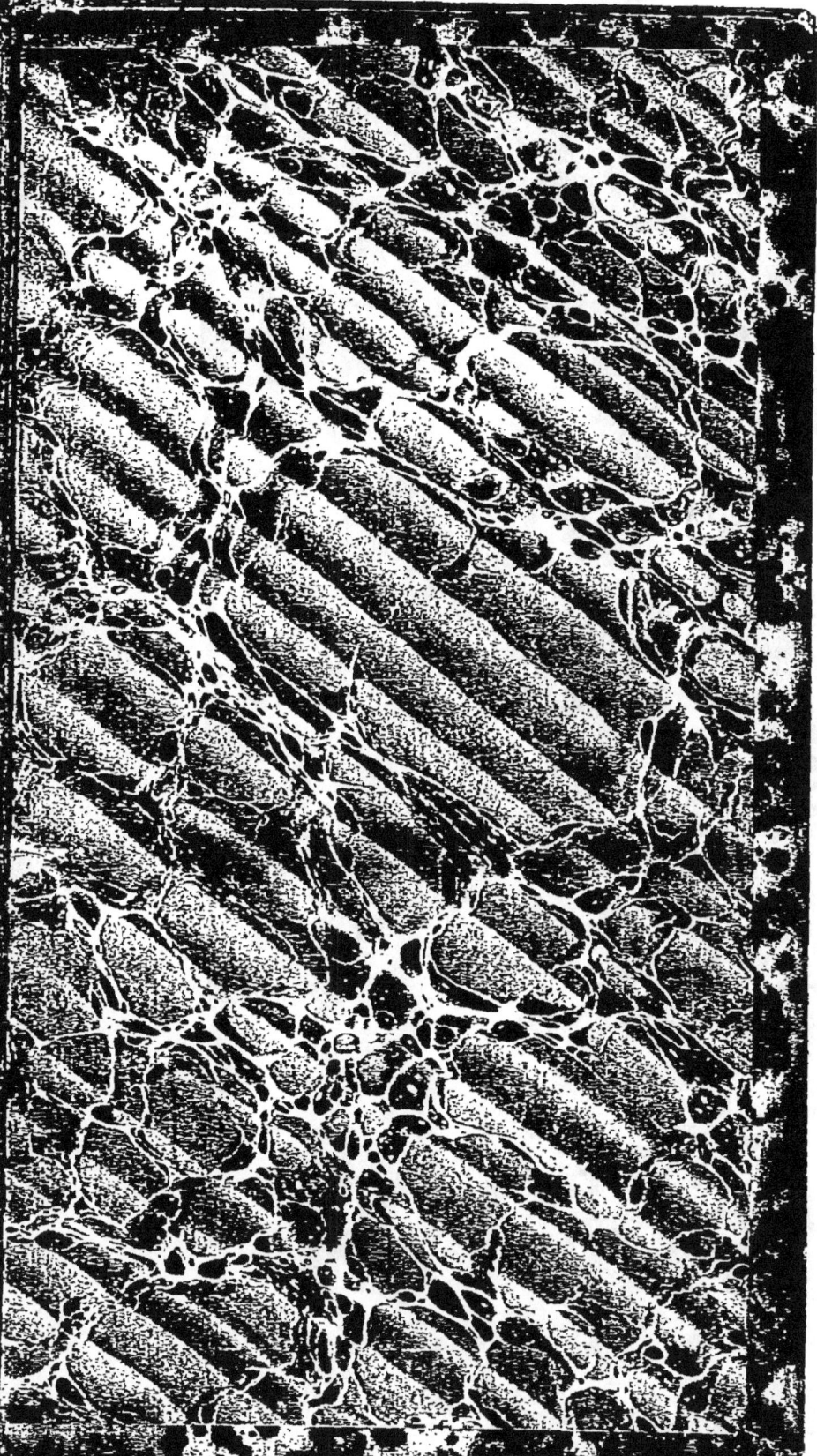

www.ingramcontent.com/pod-product-compliance
Lightning Source LLC
Chambersburg PA
CBHW071344150426
43191CB00007B/840